# CINEMA E PSICANÁLISE

## VOLUME 6

DIRETOR EDITORIAL E DE ARTE **JULIO CÉSAR BATISTA**
PRODUTOR EDITORIAL **CARLOS RENATO**
CAPA **VIVIAN KAORI**
PROJETO GRÁFICO **EQUIPE NVERSOS**
EDITORAÇÃO ELETRÔNICA **EQUIPE NVERSOS**
PREPARAÇÃO **ELISETE CAPELLOSSA**
REVISÃO **ESTUDIO LIZU**

**Dados Internacionais de Catalogação na Publicação (CIP)**
**(Câmara Brasileira do Livro, SP, Brasil)**

---

*Afetos em cena* / organizadores Christian Ingo Lenz Dunker, Ana Lucília Rodrigues, Henrique Senhorini. - São Paulo : nVersos, 2017. -- (Coleção cinema e psicanálise ; v. 6)

ISBN 978-85-8444-166-2

1. Afeto 2. Emoções 3. Filmes cinematográficos - História e crítica 4. Psicanálise - Interpretação 5. Psicanálise e cinema 6. Sentimentos I. Dunker, Christian Ingo Lenz. II. Rodrigues, Ana Lucília. III. Senhorini, Henrique. IV. Série.

17-09847 CDD-791.43019

---

**Índices para catálogo sistemático:**
1. Interpretação psicanalítica : Cinema 791.43019

1ª edição – 2017

Esta obra contempla o novo Acordo Ortográfico da Língua Portuguesa

Impresso no Brasil

Printed in Brazil

nVersos Editora
Rua Cabo Eduardo Alegre, 36
01257060 – São Paulo-SP
Tel.: 11 3382-3000
www.nversos.com.br
nversos@nversos.com.br

# CINEMA E PSICANÁLISE

## VOLUME 6

# AFETOS EM CENA

Direção: Christian Ingo Lenz Dunker
Ana Lucilia Rodrigues
Henrique Senhorini

nVersos

# Sumário

# Apresentação da coleção

A coleção *Cinema e Psicanálise* explora diferentes maneiras de pensar as relações entre cinema e psicanálise. Por meio de textos de cunho ensaístico pretende-se apresentar relações temáticas entre conceitos da psicanálise, noções de teoria e crítica do cinema e problemas práticos da produção de filmes. Isso inclui tanto a tradicional interpretação psicanalítica de narrativas fílmicas, mas principalmente pequenos estudos focais envolvendo homologias entre técnicas de enquadre, fotografia, música , montagem homólogos e análogos úteis para o entendimento do processo clínico representado pelo tratamento psicanalítico.

A linguagem do cinema, lembrando sua contemporaneidade histórica com o nascimento da psicanálise, apresenta características específicas que permitem pensar criticamente tanto os conceitos da psicanálise quanto a sua prática. A coleção *Cinema e Psicanálise*, em cada um de seus volumes, aborda semelhanças e diferenças entre o processo de produção fílmica e os problemas formais que o psicanalista enfrenta na direção do tratamento psicanalítico. Fazer cinema e fazer psicanálise teriam, neste sentido, algo em comum do ponto de vista da prática.

O cinema entendido como campo de formação de problemas formais sobre a subjetividade e como linguagem, narrativa e discurso sobre suas modalidades de sofrimento. A psicanálise entendida não só como teoria do funcionamento psíquico, mas como método clínico de tratamento e experiência ética de transformação.

A coleção *Cinema e Psicanálise* é o produto de uma experiência desenvolvida em torno desta hipótese nas Jornadas Paulistas de Cinema e Psicanálise, que ocorrem desde 2009 no Instituto de Psicologia da USP. Chamados a falar sobre seu trabalho, diretores, montadores, iluminadores e programadores apresentaram relatos e reflexões que ao longo do tempo abriram uma nova maneira de pensar a relação entre estes dois campos.

Neste sexto volume contamos com a colaboração de Henrique Senhorini na organização dos textos. Dirigindo o *site* CineFreudiano [http://cinefreudiano.blogspot.com.br/] ele tem colaborado para que a leitura e o debate sobre filmes, segundo uma perspectiva psicanalítica, se entranhe na cultura brasileira.

# Prefácio

Este sexto volume da coleção *Cinema e Psicanálise* aborda a maneira peculiar como afetos, sentimentos e emoções são mobilizados a partir da linguagem fílmica. Lembrando que a hipótese de trabalho que comanda esta coleção tenta articular o cinema com os procedimentos clínicos inerentes à escuta do psicanalista, seria fácil sugerir que neste volume abordássemos a ligação entre o imaginário no cinema, baseando-nos no poder de contágio e de imitação que as imagens evocam sobre os seres humanos. Podemos retomar aqui a tese de que os filmes geram efeitos catárticos e que a catarse era o método primitivo, desenvolvido por Freud e Breuer, para tratar os sintomas neuróticos. A ab-reação catártica dos afetos era, na verdade, mas um efeito da cura do que sua causa. Quando um afeto consegue ser reconduzido para a situação originária à qual ele pertence, há uma espécie de desrecalcamento ou de religação entre as representações dissociadas de seus afetos ou de suas somas de excitação.

Mesmo após abandonar a catarse como parte da técnica ligada ao hipnotismo, Freud jamais desconheceu sua importância como sinal clínico, assim como seus herdeiros que quiseram ver na reintegração dos afetos um objetivo e um fim para a direção da cura. A função catártica do cinema como uma espécie de alienação social dos conflitos foi muito criticada. Experimentados intensamente por meio da identificação com determinados personagens, tal identificação traria efeitos pouco transformativos, concorrendo para a pacificação e conformismo, como que a retirar a potência de indignação da cena social, transportando-a para outra cena, ideológica, na qual tais conflitos são vividos, por assim dizer, por procuração.

Mas esta apresentação torna indiferente o tratamento dado aos afetos e sua função de encobrimento deslocado para os conflitos, como se a maneira específica como afetos são colocados em cena não fosse importante. Aprendemos a sentir e a experimentar afetos por meio do cinema. Ele nos informa não só sobre códigos expressivos, mas também que tipo de política dos afetos concorremos para produzir. A importância clínica e política dos afetos converge aqui para a ideia de que os corpos políticos, assim como os corpos desejantes, encontram sua unidade em experiências de afeto.

Em Lacan, os afetos serão ramificados em quatro classes. Há as paixões do ser, como a ignorância, o amor e o ódio, que indicam como os afetos podem tocar, respectivamente, o Real, o Imaginário e o Simbólico. Depois encontramos a noção de sentimento, presente desde a tese de 1932, na figura dos sentimentos de tempo, de realidade e de familiaridade, e que reaparecerão no seminário sobre a Ética, ligados aos humores da apatia, do tédio e do desespero.

Os sentimentos são como afetos socializados, ou melhor, vividos de maneira particularmente compartilhada, notadamente quanto à interpretação das disposições supostas ao Outro. Neste sentido a atmosfera que determina e qualifica certos gêneros cinematográficos como o suspense policial *noir*, os *thrillers* de terror ou expressionismo jogam com a perturbação calculada dos sentimentos sociais de familiaridade ou estrangeiridade. Também na sessão psicanalítica, os sentimentos constituem um forte indício regulador da transferência. Eles modulam tudo o que pode ser dito e contaminam qualquer enunciação como uma mensagem para o outro. Solidão e desrespeito são dois sentimentos que escolhemos abordar como modo de tematização da experiência social contemporânea. O tema da incomunicabilidade entre uma mãe e seu filho, em *Precisamos Falar sobre Kevin* e o tema do desrespeito consentido em *A Professora de Piano* nos mostram como o cinema parece cada vez mais sensível às experiências de desterritorialização, de perda da unidade do espírito e de desencontro que caracterizam as modalidades de sofrimento baseadas no déficit de experiências produtivas de indeterminação.

Se os sentimentos qualificam socialmente os afetos e as emoções, poderíamos também dizer que os afetos podem ser quantificados em relação à orientação e à ação. É o que observamos em *Relatos Selvagens* com suas diferentes montagens de ação para vingança, mas também em com sua problemática suspensão da ação. Lacan, em seu seminário sobre a angústia, propõe uma espécie de diagrama onde as emoções surgem no ponto mediano entre a dificuldade e o movimento. Estamos, então, entre uma posição na qual as emoções são inibidas ou exteriorizadas em efusão, ou seja, a posição na qual sentir opõe-se a agir, e outra posição na qual as emoções são convertidas em atos (passagem ao ato o *acting out*). Entre agir e sentir estão as emoções intermediárias, marcadas pela certeza do impedimento ou pela incerteza do embaraço. Na clínica psicanalítica, assim como no cinema, a velocidade da significação depende eminentemente de recursos ligados à economia dos afetos.

A quarta maneira que qualificar os afetos diz respeito a tradução que eles exercem e a gramática que eles mimetizam, em relação à pulsão. É neste sentido que Freud fala das oposições que caracterizam o amor, não apenas uma oposição entre atividade (amar) e passividade (ser amado), mas uma oposição quanto ao conteúdo (amor e ódio) é também uma oposição real (amor e indiferença). Aqui encontramos o nível narrativo pelo qual os afetos se organizam na forma romance ou nos gêneros ficcionais ou mais realistas em torno da realização ou irrealização dos afetos pendentes. Vamos acompanhar este trabalho detalhado sobre o amor em *Birdman ou (A Inesperada Virtude da Ignorância)*, *Perfume - A História de um Assassino* e *Alphaville*. Juntos, eles permitem ainda uma oposição não tematizada por Freud entre as oposições excluir e aproximar e a degradação do amor, ou seja, o desamor.

Ao final e ao cabo abordaremos o único afeto que não mente, a saber, a angústia. Os afetos podem se inibidos em sua fonte, transformados em outros por meio da repressão (este seria o modelo da mentira) ou então convertidos em angústia. Para Lacan, não a angústia sem objeto, mas justamente aquela onde há a presença de um objeto obscuro, como em *Esse obscuro objeto do Desejo*, aqui abordado pelas vias da sexualidade feminina.

Encerrando este volume encontramos um texto sobre este suporte e matriz desencadeante dos afetos, emoções e sentimentos: a face humana. Freud leu *A Expressão das Emoções em Homens de Animais* de Charles Darwin e herdou do naturalista um entendimento sobre a filogênese de certas disposições expressivas dos afetos. Vem dele a ideia de que os afetos envolvem certa reprodutibilidade, uma matriz de repetição associada com experiências fundamentais: o trauma do nascimento, o desamparo, o valor das experiências inaugurais de dor, prazer ou desprazer. Reencontraremos este problema quando examinamos a função da distância na captação do rosto humano. Os primeiros cineastas como Carl Theodor Dreyer, aqui estudado como um caso modelo, intuíram com precisão a relação entre a dinâmica dos afetos e a o enquadramento da face. Poderia se imaginar que o plano longo está para a evolução dos sentimentos, assim como o plano médio está para as emoções e o *close* para os afetos. Assim também os cortes em campo e contra campo e as alterações calculadas de suspensão ou rebaixamento da perspectiva exercem um papel decisivo na modulação da angústia.

Se há um catálogo das pulsões, e se estas nos dão a gramática dos afetos, a linguagem fílmica nos permite entender com mais clareza as técnicas pelas quais o afeto é evocado, tramitado e reconduzido à sua matriz de experiências. Aprender a ler os afetos, tarefa clínica tão importante, pode se fazer útil para nós a partir da anatomia fílmica que o leitor terá pela frente neste volume.

CHRISTIAN INGO LENZ DUNKER

# 1. Amor em *Birdman (ou a inesperada virtude da ignorância)*, de Alejandro González Iñárritu

NILSON PERISSÉ

Nilson Perissé trabalha com tratamento de denúncias de violência no trabalho. É autor da dissertação de mestrado *As pessoas já entram se sentindo menores: impactos da terceirização na subjetividade do trabalhador*. Autor de artigo no livro *Intervenções em Assédio Moral e Organizacional*, da editora LTr. No CineFreudiano, publicou o artigo *O Desejo em Woody Allen* e resenhou o filme *Freud, Além da Alma* em três partes.

*De que falamos quando falamos de amor?* é uma questão proposta num livro de contos de autoria de Raymond Carver, escritor norte-americano falecido precocemente de câncer aos 50 anos. De certa forma, em torno dessa obra gira o filme *Birdman (ou a inesperada virtude da ignorância)*, do diretor mexicano Alejandro González Iñárritu, lançado em 2014.

*De que falamos quando falamos de amor?*, é uma pergunta que pode ter respostas distintas a partir do sujeito que a responde. Para os personagens de *Birdman*, amor parece estar associado a reconhecimento, ao olhar aprovador do Outro, olhar onipotente que dá sentido e pode legitimar uma existência.

Riggan Thomson (Michael Keaton) é um ator hollywoodiano que, na década de 90, protagonizou três filmes *Blockbusters* de um super-herói, o *Homem-Pássaro* (*Birdman*) do título. No protagonismo da franquia de sucesso, o ator ganhou seu passaporte para a fama e para o coração de milhares de espectadores que se apaixonaram pela trilogia. Ator e personagem se fundiram no imaginário social e, de certa forma, no imaginário de Riggan também. Tanto que, vinte anos depois, já envelhecido e sem o *physique du role* apropriado para representar o herói, ele continua a ser atormentado pelo imaginário *Birdman* (que aqui bem representa sua divisão subjetiva) para participar de um quarto filme da série, ao invés de aventurar-se numa missão aparentemente suicida de reinventar-se como ator dramático na Broadway, em uma peça adaptada, dirigida e protagonizada por ele (no caso, uma adaptação de "*De que falamos quando falamos de amor?*", de Raymond Carver).

A tentação de voltar atrás e retomar um sucesso fácil nas telas não sai de sua cabeça ao longo do filme, mas, ironicamente, seus novos esforços de ator-escritor-diretor são apenas outra face de uma mesma busca – o reconhecimento do público e da crítica no circuito sofisticado do teatro nova-iorquino. Mudam as identidades (ator de filmes de ação X ator dramático) e o outro (público de filmes-pipoca X público refinado do teatro), mas a busca é a mesma. Entre fugas alucinatórias nas quais se imagina com o poder de levitar, de projetar objetos contra a parede ou mesmo voar, Riggan quer ser amado – não apenas como ator legitimado pelo talento, mas também como pai, pelas vias de um tardio reconhecimento da filha Sam (Emma Stone), e como marido, através de fracassadas tentativas de retomar o casamento com a ex-mulher Sylvia (Amy Ryan).

Mas Riggan não está só. Lesley (Naomi Watts), uma das atrizes que participa de sua peça, segue a mesma trilha, vendo na possibilidade de pisar num palco da Broadway a aspiração maior. Ao longo da narrativa, porém, ela demonstra um certo estranhamento, como se a proximidade da realização de sua ambição profissional não trouxesse o contentamento esperado ou a fizesse perceber-se diante da nudez do seu próprio enigma (ainda não era isso, diria Lacan). Mike Shinner (Edward Norton), outro ator da peça, leva ainda mais longe a questão - impotente na vida real, tem uma ereção enquanto atua, da mesma forma que só se sente verdadeiramente vivo quando representa um papel diante da plateia (aqui metaforizada como o Outro ou o objeto do olhar).

Não é apenas com esses personagens que *Birdman* brinca com a tentação fácil do prestígio, do poder, do dinheiro e do amor dos fãs. Num divertido, porém melancólico momento do filme, Riggan tenta substituir um dos atores de sua peça por algum artista talentoso, porém todos de quem lembra estão ocupados com projetos *blockbusters*: Woody Harrelson está filmando a franquia *Jogos Vorazes*, Michael Fassbender está ocupado com os filmes dos *X-Men*. Ironicamente, mesmo os atores reais de *Birdman* têm currículos semelhantes: Naomi Watts atuou em *King Kong*, Emma

Stone em *Homem-Aranha*, Edward Norton foi *Hulk* e o próprio Michael Keaton protagonizou dois filmes de *Batman*.

A psicanálise nos alerta que a constituição subjetiva não se dá apenas por **olhar o outro** (espelhar-nos em um pai, em um irmão, ou numa figura representativa de nossas relações), mas também **pelo olhar do outro**. Lacan lembra que tornar-se sujeito passa ainda pelo momento em que a criança, mirando-se no espelho, volta-se para a mãe e a olha como que pedindo que aquela autentique sua descoberta. Será no reconhecimento da mãe, que reagirá dizendo algo como: "Sim, é você, Pedro", que confirmará para a criança a ideia do: "sou eu". Lacan dirá: "É desse lugar que depende o fato de que tenha direito ou defesa de se chamar Pedro". (*O Seminário: Livro I*, pág. 97).

A necessidade de ser alguém para alguém, de ser legitimado, de ter uma identidade reconhecida (segundo os analistas da obra de Raymond Carver, temáticas presentes nos textos desse autor) perpassa toda a tessitura desse *Birdman*, porém com um enfoque realista. Não se trata aqui dos tradicionais filmes nos quais o personagem central luta para provar seu talento e ao final é reconhecido e aclamado por uma crítica severa e exigente, porém justa. Em *Birdman*, o valor da adaptação teatral que estava sendo encenada não será medido por suas próprias virtudes, mas pelo olhar que lhe será depositado por meio de uma poderosa crítica do caderno cultural do *New York Times*, Tabitha Dickinson (Lindsay Duncan). Esta personagem secundária tem apenas uma pequena participação no filme, mas oferece importantes elementos de reflexão, pois assemelha-se a um supereu autoritário, exigente, cruel, impossível de ser saciado, motivada que está por razões diferentes de um critério de justiça – no fundo, guiada por seus próprios preconceitos. Também é significativo que a personagem não passe de uma mulher envelhecida, solitária e amarga, feia como "alguém que lambeu o rabo de uma cabra" (conforme comparação feita no filme). Essa crítica tem na história – como o supereu na vida – o poder de erguer ou demolir a produção artística alheia, mas não se sustenta como autoridade detentora de uma verdade, apenas como semblante instituído pela via simbólica de um jornal de prestígio. *Birdman* mostra que, ao fim e ao cabo, o Outro que me destrói ou me legitima não é autoridade de nada, apenas alguém que eu, por minhas próprias razões, legitimo nesse lugar e dou consistência.

Riggan Thomson, então, se dá conta do vazio e da inconsistência desse reconhecimento. Em momentos nos quais recapitula seu passado, lembra da fase em que foi aclamado, rico e invejado – sintomaticamente, uma fase na qual, esvaziado de motivação e desejo de viver, tentou o suicídio por afogamento. Ele identifica que, nos momentos em que parecia que havia conquistado tudo, seu casamento ia mal, o papel de pai era insípido e o vazio era tamponado com a bebida.

Porém, elaborar e compreender seu percurso através desse prisma não lhe traz iluminação nem paz. Ao contrário, faz parecer – como diz o subtítulo do filme – que a ignorância é, de fato, uma virtude inesperada. Riggan não pode voltar ao passado e recuperar o casamento desfeito nem preencher as lacunas de convivência com a filha cujo crescimento não acompanhou. Projetar-se no vazio do alto de um prédio ou da janela de seu quarto de hospital parece ser o símbolo máximo da dificuldade em lidar com o próprio desencanto e, ainda que não possa realmente fazê-lo, ele assim alucina. Incapaz de inventar sua própria solução, ele busca saídas na bala de uma arma ou na inveja do voo alienado e anônimo de uma ave em meio ao bando.

O desfecho da trama é ambíguo e sujeito a múltiplas compreensões. Porém, mais importante que encontrar uma interpretação genial e definitiva é contemplar Riggan como qualquer homem contemporâneo perplexo diante de seus impasses. Mais que um homem dividido entre um personagem imaginário (*Birdman*) e um personagem atormentado pelo Real (o personagem do texto de Raymond Carver a quem dava vida na peça), Riggan Thomson é cada um de nós que se procura e se perde em equivocadas buscas de poder, reconhecimento, popularidade e prestígio – ou naquilo que falamos quando falamos de amor.

# Referências fílmicas

IÑÁRRITU, A. G. *Birdman ou (A Inesperada Virtude da Ignorância)*. [filme-vídeo]. Direção de Alejandro Gonzáles Iñárritu. 2014; EUA: Fox Films, 2015.

# Referências bibliografias

CARVER, Raymond. *De que falamos quando falamos de amor?*. IN: 68 Contos. São Paulo: Companhia das Letras, 2010.

LACAN, Jacques. *O Seminário*: Livro 1: os escritos técnicos de Freud. Rio de Janeiro: Jorge Zahar Editor, 1986.

# 2. Desamor em *Perfume: a história de um assassino*, de Tom Tykwer

SILVIA AMOEDO

Silvia Helena Facó Amoedo é Psicanalista, membro da Escola de Psicanálise dos Fóruns do Campo Lacaniano – Rede Diagonal Brasil – Fórum Natal. Mestre em Psicologia pela Universidade Federal do Ceará.

A história de Jean-Baptiste Grenouille se passa na França do século XVIII. Nascido como dejeto, em meio à putrefação de um mercado de peixe em Paris, Jean-Baptiste é abandonado pela mãe e, para sobreviver ao desamparo, o seu faro necessitou ir além, produzindo um choro prenhe de vida para anunciar a sua chegada entre moscas e vísceras de peixe. Despertadas pelo choro, as pessoas que estavam presentes na feira o descobrem e o recolhem como um dejeto. Assim, ele marcou a sua entrada no mundo sobrevivendo ao próprio nascimento. Em consequência do abandono, sua mãe é presa e condenada à morte, e Jean-Baptiste, "a coisa recém-nascida", é entregue aos cuidados de uma ama de leite, sem despertar qualquer instinto materno. Em poucos dias, troca-se várias vezes de ama de leite: nenhuma delas suporta ficar com ele por sua inquietante presença. Diziam que ele era faminto demais, que sugava tudo.

O caso de Jean-Baptiste foi levado, então, ao padre Terrier, que tentou aproximar-se da criatura sem criador, sem o Outro. Por um momento, permitiu-se a fantasia de que era o pai de Jean-Baptiste, concedendo-lhe um lugar no mundo. Mas, a fantasia de "papai, filhinho e mamãe" se desmoronou tão logo o padre sentiu-se desnudado pelas narinas desavergonhadas de Jean-Baptiste.

O menino foi entregue, então, aos cuidados da Madame Gaillard, uma mulher indiferente à vida desde que perdera o olfato e toda a sensibilidade, em consequência de maus-tratos na infância. Encapsulado em si mesmo, Jean-Baptiste não se realizava entre os outros. Assim cresceu enxergando tudo com seu nariz, proferindo poucas palavras, sem estabelecer laços, criando e resguardando em si mesmo odores que não existiam. Jean-Baptiste tornou-se reduzido ao seu olfato, expirando e inspirando.

O olfato é um dos sentidos mais primitivos. Freud (1976/1897), na Carta 75 a Fliess, busca encontrar a fonte do recalcamento, retoma a hipótese levantada anteriormente, inferindo que o recalque podia ser substituído por alguma coisa essencial, alguma coisa orgânica que jazia por trás dele. Freud, nessa época, ligava o recalque às sensações do olfato que, em consequência da postura ereta do homem, foram modificadas e, por isso, esse sentido não pode mais produzir um efeito excitante, como nos animais. Nesse momento, o recalque, chamado originário, faz emergir a pulsão, diferenciando a sexualidade humana do instinto animal.

Jean-Baptiste cresceu levantando o nariz, não para "considerar-se especialmente nobre", mas para intensificar e conhecer todos os cheiros do mundo. Como ser falante, ele já estava implicado em seu corpo por essa fala e, mesmo sem falar, não podia ser comparado à espécie animal; fazia parte do mundo simbólico. Esse corpo, que permite ao significante encarnar-se, é dado ao sujeito na experiência especular, um drama cujo impulso precipita-se da insuficiência para a antecipação ou seja, a criança, com suas fantasias do corpo despedaçado, dada a prematuridade neurofisiológica, antecipa a apreensão do seu corpo a partir da imagem do Outro. É o momento da constituição do eu, do reconhecimento de si mesmo. Esse momento faltou a Jean-Baptiste, pois sua mãe não respondeu ao seu apelo, impossibilitando a ilusão da totalidade de seu corpo no espelho e impedindo que ele buscasse no olhar do Outro a autenticação de sua própria imagem, permanecendo no tempo mítico do apelo. Como consequência, a função constituinte do olhar foi substituída pelo primitivo cheiro. Assim ele orientou o seu caminho sem precisar de luz para ver, olhando com o nariz, na busca instintiva do impossível de todos os aromas e odores.

O desejo, para Jean-Baptiste, se constituiu e se perdeu de forma absoluta, restando o gozo, um "real que não cessa de não se escrever". "O lugar do real, que vai do trauma à fantasia – na medida em que a fantasia nunca é mais do que a tela que dissimula algo de absolutamente primeiro, de determinante na função da repetição – aí está o que precisamos demarcar". (LACAN, 1982/1964 p.61).

Certa vez, ele perseguiu com o seu faro um cheiro que jamais sentira antes, porque precisava tê-lo para o sossego do seu coração. Pela primeira vez, sentiu-se aprisionado pelo aroma a palavra contém "amor" – e, irresistivelmente, foi conduzido lentamente até uma jovem, deparando-se com um aroma indescritivelmente precioso. Ele começou a aspirar todo o odor que a jovem exalava e, como resultado de seu sistema de realidade pouco desenvolvido, terminou por enforcá-la. Depois de a moça estar morta, ele sugou todo o cheiro dela. Experimentou a essência do cheiro da mulher em um estado de êxtase para além do princípio do prazer, como se o gozo absoluto existisse. Ao procurar o perfume, ele encontrou a essência e experimentou, pela primeira vez, a felicidade, como se tivesse nascido naquele momento. Do nada, ele se deparou com o tudo e, sem a alternância da presença-ausência, própria do mundo simbólico, ele permaneceu preso às redes do imaginário, nas quais prevalece a alienação.

Nas suas caminhadas, Jean-Baptiste conheceu Giuseppe Baldini, perfumista experiente, com quem aprendeu, com muita proeza, que há um saber sobre o olfato e que é preciso encontrá-lo. Aprendeu então a linguagem dos aromas e tudo mais sobre a arte do perfume. Giuseppe Baldini constatou que o aprendiz, com a velocidade ilimitada do seu olfato, era capaz de criar qualquer perfume, possibilitando ao mestre ascender à posição de maior perfumista da Europa. Este ensinou-lhe tudo, com a condição de que Jean-Baptiste partisse de Paris. E assim aconteceu.

Jean-Baptiste precisou ultrapassar as condições humanas para atingir os seus objetivos. Nessas passagens, as pessoas que se relacionaram com ele funcionavam como suplência do que lhe faltava, e morriam logo após cumprirem essa função, de modo que, quando ele partia, não deixava e não levava nenhum vínculo. Seguia com o fim de sua história, que se dissipava como uma névoa.

Com o conhecimento adquirido, Jean-Baptiste partiu para Grasse, a cidade dos perfumes, e no caminho sentia o ar cada vez mais puro à medida que se distanciava dos seres humanos. Agora, o plano de chegar mais rápido ao destino foi relegado; ele queria apenas ir embora para longe das pessoas, em direção à maior solidão possível. Chegou ao ponto mais distante das pessoas e mais próximo de si mesmo, uma gruta na montanha onde nenhum ser vivo jamais estivera antes, um lugar sem cheiro. Sobrevivia em circunstâncias limites para obter a satisfação plena. Ficava imóvel no silêncio da escuridão invocando todos os cheiros conhecidos, entre eles "o cheiro de assassina de sua mãe". Ele não sabia o que era assassina, mas sabia o que era o cheiro de assassina. Jean-Baptiste criou o seu reino encantado com fantasias construídas apenas de odores das coisas; "Ele, o Grande, o Único, o Maravilhoso", o Pleno. Lacan (2005/1962-64) diz que a fantasia é como um quadro que vem colocar-se no enquadramento de uma janela através da qual nós vemos e, como uma tela, nos protege da visão do mundo por meio dela.

Porém o mundo está lá e, assim, sete anos após, o real retorna ao mesmo lugar: "nenhuma luz, nem cheiro, nada de nada"; só a névoa, o seu próprio cheiro inapreensível, que se dissipa por toda parte, impossibilitando Jean-Baptiste, o homem capaz de cheirar qualquer ser humano, de cheirar a si mesmo. Para o trauma, não há significante; há uma direção – a repetição –, que insiste em retornar. O trauma é inassimilável para o sujeito, no entanto ele "não cessa de não se inscrever na repetição", apontando para onde se acha o significante que o discurso oculta. Assim, Jean-Baptiste busca uma saída para o seu desamparo: abandona a sua mais completa solidão em busca de um saber sobre si mesmo.

Para suprir a sua falta de cheiro, Jean-Baptista criou para si mesmo um perfume imitando o odor humano e passou a conviver com uma enorme "satisfação fria", como um ser humano entre os outros seres humanos. Sabia que estava em seu poder criar um odor sobre-humano, de modo que quem o cheirasse o amaria até a loucura. Para isso, ele se dirigiu até Grasse com o propósito de obter os melhores aromas. Chegando lá, foi surpreendido pelo cheiro extraordinário de uma jovem, um odor que o remeteu a Paris, o mesmo da jovem que ele havia matado. E ele queria essa fragrância, não para sorver e perder, como da outra vez, mas para fazer dela o seu próprio odor. Ao ver a jovem, Jean-Baptista amou pela primeira vez, não como um ser humano, mas a sua fragrância. Precisava esperar um pouco mais para extrair da jovem a essência do seu cheiro; enquanto isso, aperfeiçoava-se e ampliava as suas habilidades, até que ela chegasse à flor da idade, tornando-se pronta para ser colhida.

Jean-Baptista perseguiu seu objetivo com obstinação, aperfeiçoando sua técnica com todas as regras da arte. Matou vinte e quatro jovens, as mais belas virgens, para extrair o aroma de suas almas. E para compor o perfume final, matou, após dois anos, a jovem que florescia, que acabara de completar dezesseis anos. Era a filha única do vice-cônsul. Jean-Baptiste foi invadido por uma paz em seu coração, embora, para ele, a jovem só existisse como odor incorpóreo.

Jean-Baptiste foi acusado e condenado à morte pelas barbáries cometidas. De posse do perfume perfeito, passou algumas gotas da essência no seu corpo e seguiu para o encontro com a morte. A morte foi, mais uma vez, adiada, obtendo um novo significado. Dessa vez, além de sobreviver, ele foi reconhecido como filho pelo seu maior acusador, o pai da vigésima quinta mulher, a que lhe proporcionou escrever o "impossível", a perfeição. As pessoas se entregaram ao seu extasiante perfume e, arrebatadas por ele, entraram em uma comunhão de amor com o universal. Impregnado pelo perfume, nascido inodoro, no lugar mais fedorento do mundo, criado sem amor, ele tornou-se amado por todos. Esse foi o maior triunfo da sua vida e, ao mesmo tempo, o maior fracasso, pois ele mesmo não conseguia amar ninguém, por isso jamais encontraria satisfação no amor, não saberia jamais quem ele era, porque nunca fora olhado pela mãe.

Libertado, Jean-Baptiste retornou ao lugar onde nascera, e nada mudou: o mesmo lugar, as mesmas condições, e ele continuava só, como sempre esteve, e, mesmo sob o melhor perfume, sabia que só existia a sua total ausência de cheiro, que o impossibilitava de viver. Não restava mais nada, senão retornar às origens, para morrer. Assim, ele realizou seu último gesto, em silêncio, sem palavras que o nomeassem: despejou o frasco de perfume perfeito em seu corpo e se entregou à morte. Foi dessa forma que morreu, despertando nos presentes o verdadeiro sentido do olfato. As pessoas em volta perceberam a sua ausente presença, e instintivamente o consumiram: retiraram dele a sua energia vital, o perfume perfeito e sua insignificante vida. "O real é aqui o que retorna sempre ao mesmo lugar – a esse lugar onde o sujeito, na medida em que ele cogita [...] não o encontra". (LACAN, 1982/1964 p.52).

E assim ele morreu como nasceu, excluído da cadeia significante, como uma coisa que nem cheira nem fede - sem perfume e sem ser.

# Referências fílmicas

SÜSKIND, Patrick. *O Perfume: A história de um assassino*. [filme--vídeo]. Direção de Tom Tykwer. França, Espanha, Alemanha: Paris Filmes, 2006.

# Referências bibliografias

FREUD, Sigmund. (1897) Carta 75. In: Obras Completas de Sigmund Freud, vol. I. Rio de Janeiro: Imago, 1976.

LACAN, Jacques. (1962-1963) O Seminário – livro 10: a angústia. Rio de Janeiro: Zahar, 2005.

_____, (1973). O seminário - livro 11: os quatro conceitos fundamentais da psicanálise. Rio de Janeiro: Zahar, 1982.

# 3. Indiferença em *Alphaville*, de Jean-Luc Godard

CHRISTIAN INGO LENZ DUNKER

Christian Ingo Lenz Dunker é psicanalista, professor Livre-docente do Instituto de Psicologia da Universidade de São Paulo (USP), Analista Membro de Escola (A.M.E.) do Fórum do Campo Lacaniano e fundador do Laboratório de Teoria Social, Filosofia e Psicanálise da USP. Autor de vários livros, entre eles: *Estrutura e Constituição da Clínica Psicanalítica* (AnnaBlume, 2011), vencedor do prêmio Jabuti de melhor livro em Psicologia e Psicanálise em 2012. Seu livro mais recente é *Mal-estar, sofrimento e sintoma:* a psicopatologia do Brasil entre muros (Boitempo, 2015).

Em seu texto sobre a *Proposição de 9 de Outubro de 1967 sobre o psicanalista de Escola*[1], Lacan aponta três temas fundamentais para pensar o lugar da psicanálise no mundo: a identificação no Imaginário, o Complexo de Édipo no Simbólico e a segregação no Real. Apesar da grande dedicação que os lacanianos têm prestado ao conceito real, muito pouco se obteve até aqui sobre uma concepção psicanalítica da segregação[2]. Segregar não é apenas excluir ou negar, nem repudiar ou isolar. Segregar deve ser deduzido da operação de retorno no real, segundo a tese: o que não é inscrito no simbólico retorna no real. Há várias maneiras de não se inscrever no simbólico. A segregação é uma delas. Sua imagem topológica mais simples é a de um grupo psíquico separado, um círculo dentro de outro, um condomínio com muros que o separam do mundo do qual ele, contudo, faz parte. Essa é também a visão intuitiva e ideológica do mundo como um conjunto de esferas, círculos, territórios, áreas ou disciplinas entre os quais nós podemos trafegar e aos quais nos pertencemos por origem ou direito.

Segundo Lacan, a garrafa de Klein é um modelo melhor para entender o mundo moderno, no qual interior e exterior se comunicam, com pontos de passagem indeterminados, com sua confusão estrutural entre público e privado. Podemos pensar que a segregação tem a estrutura de uma falsa garrafa de Klein, na qual interno e externo são determinados e concêntricos, reproduzindo a lógica do mundo *a-cósmico*, com suas esferas e pontos de passagem, mas sem pontos de saída.

*Alphaville: uma estranha aventura de Lemmy Caution* dirigido por Jean-Luc Godard, em 1965, é um filme sobre a segregação que descreve em detalhes a formação desta falsa garrafa de Klein, formada por um universo fechado no qual sabendo-se tudo o que importa sobre o passado, e onde todos são "*escravos das probabilidades*" neste presente que é a "*única forma de vida*".

Godard começa a desequilibrar a redoma de *Alphaville* formalmente. Ele perturba a divisão habitual de gêneros, ao qual o público estava acostumado: policial *noir*, drama e ficção científica. Ou seja, não é apenas no conteúdo da narrativa que vamos encontrar uma solução para a segregação representada em *Alphaville*, mas também, e sobretudo, na forma da linguagem fílmica. Seu protagonista, Eddie Constantine, cujo nome se escreve Ivan Johnson, mas se pronuncia Lemmy Caution, o sucessor de Dick Tracy e Flash Gordon, é um espião que vem do *mundo exterior* disfarçado de jornalista do *o Pravda - Le Figaro*, para investigar os planos de destruição feitos pelo professor Von Braun, arquiteto do programa de computador Alpha 60, que comanda e organiza *Alphaville*. Sua filha, Natasha Von Braun (Ana Karina), acompanha e vigia Lemmy até o ponto de se apaixonar por ele. Mas a paixão, assim como outras emoções, e tudo o que é ilógico, são atividades proibidas, puníveis com a morte. Há uma preocupação extrema com o uso da linguagem, pois "*tudo está escrito, a não ser que as palavras mudem de sentido*". Para que tudo funcione é preciso dizer sempre "*porque*" e nunca "*por quê?*".

Lemmy Caution atira contra perseguidores, com rosto impassível e sem deixar cair o cigarro da boca, como se estivesse espantando moscas. Eles aparecem no banheiro, atrás da porta, de carro no pátio, disfarçados de *Sedutrizes*, mas assim como os policiais de *A Carta Roubada*, de E.A. Poe, nada enxergam. O verdadeiro confronto entre Lemmy e Alpha 60 é um confronto de palavras e de discursos, que se concentra na cena do interrogatório. A máquina pergunta: "*o que você sentiu ao passar da Galáxia Exterior para Alphaville?*" ao que ele responde, como Pascal: "*o silêncio eterno destes espaços infinitos me apavora*". "*O que transforma a luz em escuridão?*", pergunta a máquina. Lemmy responde: "*a poesia*".

A trama termina com a fuga do casal Lemmy e Natasha, rumo ao exterior, enquanto *Alphaville* se asfixia envenenada pelo raio da morte. Este final parece ter inspirado Ridley Scott, em *Blade Runner* e também, antes dele, Fritz Lang em *Metropolis*[3], e que nomeia esta nossa grande utopia e forma maior da demanda no mundo *a-cósmico*, que é a demanda de "sair".

Godard insistia que seu interesse não era tanto na *ilusão de realidade*, mas na *realidade da ilusão*. O real que se esconde ou se mostra na imagem do mundo, como uma realidade unificada e coerente, diante de nossos olhos, criando assim a perspectiva simbólica onde nos localizamos. Foi também este o ponto de partida de Lacan em seu texto sobre o *Estádio do Espelho como formador da função do eu [Je] em psicanálise*, de 1936 e 1949. A segregação acontece quando esquecemos o hiato entre a realidade e o Real, quando identificamos ambos ao custo de uma particularização simbólica. Logo no começo do filme somos apresentados à voz gutural de Alpha 60 que diz: "*a realidade é complexa demais para sua transmissão oral*". É exatamente esta particularização simbólica que está em jogo na formação destes universos fechados, que podem ir do sistema de castas e acessos, como em *Admirável Mundo Novo*, publicado em 1932 por Aldous Huxley, até o próprio conjunto da terra e do espaço como em *2001, Uma Odisséia no Espaco*, dirigido por Stanley Kubrick em 1968. Ou seja, não estamos falando do espaço geométrico apenas, mas do espaço como linguagem.

Diz-se que o cinema começou com os irmãos Lumière (1895), filmando, como um documentário, a realidade dos operários saindo de uma fábrica e com Georges Méliès (1902) usando truques de montagem para criar a ficção científica de *Viagem à Lua*. Os dois filmes tinham como tema principal a "saída", ou seja, saída do mundo do trabalho e do planeta Terra. Contra esta repartição simples, Godard usa no roteiro a ficção científica de modo documental e sem efeitos especiais. Este processo se observará no uso da trilha musical, de Paul Misraki, que alterna o uso de artifícios tensionais, típico do suspense, usado em cenas de deslocamentos rodoviários banais, ao passo que as cenas de tiros e ação são pontuadas por uma paisagem sonora naturalista. Esta habilidade de "*reunir arranjos cômicos com sonetos de amor em uma única sensibilidade singular*"[4] é própria do método de Godard para extrair a verdade do Real.

Temos aqui as duas faces do Real, melhor dizendo, duas verdades das quais podemos extraí-lo, enquanto estrutura de ficção. Com isso, argumento que o conceito lacaniano de ficção compreende tanto o que entendemos como ficção (romance, ficção-científica, drama) quanto o plano da história (documentário, descrição, fotografia). Aqui me refiro ao trabalho de Hal Foster que, usando a teoria freudiana do trauma em dois tempos e a concepção lacaniana do termo lógico, mostrou a íntima conexão entre as vanguardas dos anos 1930 e a sua retomada nos anos 1960 como uma espécie de "retorno do Real". As *neovanguardas pop*, retomam a temática da ilusão de realidade, enquanto os formalismos retomam o problema da realidade da ilusão. Lacan atravessou esses dois momentos, 1932 e 1966, das vanguardas e das neovanguardas, sem deixar que uma problemática do Real fosse substituída pela outra. Nosso atual estado de desapego entre a crítica baseada na autonomia da obra, da arte de um lado, e do sociologismo da autoria, por outro, é um efeito da incompreensão histórica da relação entre linguagem e lógica da segregação. "*Lemmy... consciência... consciência... destruir... faça Alpha 60 destruir a si mesmo... delicadeza... salve aqueles que choram*". Esta é a mensagem cifrada que nosso herói usa para lembrar de sua missão, uma vez que outros espiões que o antecederam, esqueceram disso, ficaram perdidos em *Alphaville*, que, no fundo, lembra que a arma fundamental de Lemmy contra *Alpha 60* é a poesia. E se esta é também o antídoto contra a segregação, precisaríamos saber algo mais sobre qual seria esse tipo de poesia.

*Alphaville* é organizada por uma lei, contida na bíblia das palavras que são permitidas. Um homem que chora pela morte da esposa é executado em um ritual "estético". Há uma sala de recepção, garçons e recepcionistas, depois um camarote envidraçado de onde se vê uma piscina. O condenado faz sua declaração final, caminha na prancha e é abatido por tiros. Lindas mulheres de biquíni, com facas na boca, pulam na água e estraçalham o que pode ter restado da vítima. O público bate palma. Para além da perturbação de gêneros, dos debates dos anos 1960 em meio à guerra fria e o papel do cinema no pós-guerra, *Alphaville* é um filme que recupera o surrealismo, não apenas como plataforma estética de investigação do Real, mas como antídoto político contra a segregação. Para isso teríamos que atentar para o volume que ele indica para Natasha, para "inocular" nela a cura. *Capitale de la douleur* é um dos livros principais de Paul Éluard[5], surrealista próximo do grupo de Breton e amigo de Jacques Lacan[6]. É por meio de outro verso de Éluard que Lemmy seduz Natasha: "*Por causa do amor tudo se move. Todos precisamos apenas avançar para viver, ir em frente para tudo o que você ama. Eu estava indo em sua direção. Eu estava indo perpetuamente em direção da luz*".

O problema em *Alphaville* é que, com a exceção dos tipos poéticos que vivem nos "setores condenados", o que todos estão fazendo é simplesmente viver como ocupação de espaço e não "morrer" e principalmente "morrer de amor"[7]. Quando Alpha 60 pergunta: "*qual é o privilégio de morrer?*", Lemmy responde: "*não continuar morrendo*". Para os surrealistas morrer de amor é a condição para continuar a viver, como tematizou Éluard em *Morrer de não mais Morrer* (1924). Daí que o condenado declame o seguinte trecho de Paul Éluard, antes de ser executado: "*Escutem-me seus normais! Nós vemos a verdade que vocês não* enxergam *mais. Esta verdade é que não há nada verdadeiro no homem exceto amor, fé, coragem e ternura*". Daí também que o primeiro mandamento seja: "*Alphaville: silêncio, lógica, segurança e prudência*", mandamento cuja prática é acompanhada pela ingestão contínua de pílulas pacificadoras.

*Caution*, torna-se assim o significante mestre para esta operação de confronto com a morte, sem medo e insegurança. Ele é o perfeito personagem surrealista. Não é o intelectual literário de gabinete enfurnado em sua erudição, mas um detetive prático de olhos atentos na transformação da realidade por meio de atos. Essa é a primeira dimensão esquecida do poema de Lacan, que aparece na década de 1930[8] e ressurge em seus últimos seminários na década de 1970: o poema é um ato de anticrença contra o silêncio conformista. Por isso o que nele conta não é sua estrutura de ficção, mas a verdade em seu ato de produção. Se no caso da ficção extraímos a verdade do Real, aqui é a verdade que cria um efeito de Real. São os dois pontos de torção invertido, das bandas de Möbius que constituem uma garrafa de Klein.

*Alhaville* é a primeira reflexão sistemática sobre a futura vida em forma de condomínio. Uma forma de vida que antes de tudo expulsa a poesia, e recusa toda ternura, como dizia Éluard. O surrealismo, em geral, e Lacan, em particular, percebem que a segregação começa no discurso, nas estereotipias que impõe o ritmo à frase, "nas palavras, sílabas, sonoridades obsedantes e assonâncias"[9], como um automatismo no qual a linguagem não pode mais questionar o pensamento. A segregação termina nos muros, não é lá que ela começa, mesmo que seja dali que ela se reproduza. A segregação começa pelos maus tratos dedicados ao que não faz sentido, pela expulsão do não sentido para fora dos muros. E desde lá ele retornará como Real. Por isso precisamos urgentemente de menos lemas de condomínio e de mais heróis como Lemmy Caution e Ian Fraiser Kilmister, conhecido como Lemmy[10].

# Referência bibliografias

1 LACAN, Jacques. (1967) *Proposição de 9 de Outubro de 1967 sobre o psicanalista de Escola*. In **Outros Escritos**. Rio de Janeiro: Jorge Zahar, 2001.

2 Tentei contribuir para tratar desta questão em meu livro. DUNKER, Christian Ingo Lenz. *Mal-Estar, Sofrimento e Sintoma* - Coleção Estado de Sítio. São Paulo: Boitempo (2015).

3 Particularmente os trabalhadores que escapam da cidade inundada.

4 SARRIS, Andrew. You Ain't Heard Nothin' Yet: The American Talking Film, History & Memory, *1927-1949*.

5 Benedick, M. (2004) *Jean-Luc Godard:* uma antologia crítica. Dutton, et. at al., San Francisco: Toby Mussman.

6 "O Sr. A (filósofo) apareceu neste sábado, não sei de onde, para me apertar a mão e fez ressurgir o título de Tzara, da época Dada, ou seja, nada da futilidade que começou com *Littérature*. De boa vontade é imputado a mim um surrealismo, o que está longe de seu e de meu agrado. Certo, provei disso, mas apenas contribuindo de forma lateral e tardia (o que zangou Breton), no entanto

devo dizer que Édouard me enternecia." LACAN, Jacques. (1980) Nota A. Ornicar 20-21. Paris: Seuil.

7 "Nós vivemos no limbo da metamorfose. Mas este eco que corre por todo dia, este eco além do tempo, do desejo e do cuidado continua a pedir. Estamos longe ou perto, de nossa consciência". Paul Élouard, tradução do autor.

8 TATLI, Soraya. (2000) *Le Psychiatre et ses Poétes:* essai sur le jeune Lacan. Paris: Tchou.

9 LACAN, Jacques. (1932) *Esquizofrenia:* escritos inspirados. In *Da Psicose Paranoica em suas Relações com a Personalidade.* Rio de Janeiro: Forense, 1988.

10 Ian Fraiser Kilmister (1945-2015) ou Lemmy the Lurch, foi um baixista e cantor inglês, conhecido por ser o fundador da banda de rock inglesa Motörhead. Era adorado pelos seus fãs por sua postura roqueira, estilo de tocar e timbre de voz marcante.

# Referências fílmicas

GODARD J-L. *Alphaville.* [filme-vídeo]. Direção de Jean-Luc Godard. 1965; França: André Michelin, 1965.

# 4. Ódio em *Relatos selvagens*, Damián Szifron

PRISCILLA CHELI

Priscilla Cheli é Psicanalista, Psicóloga, Pós-Graduada em Psicologia Clinica pela PUC-SP.

Dividido em seis histórias, com começo, meio e fim, *Relatos Selvagens*, traz uma reflexão acerca de questões mais que atuais, com as quais nos deparamos todos os dias, seja por meio de uma notícia de jornal, seja por algum personagem da vida real.

As histórias se dão em contextos diferentes, porém, em seu âmago, trazem a vingança e a violência como protagonista, nos convidando a refletir sobre a ética de cada um e nos colocando diante da pergunta: "o que você faria se...?".

Num estilo tragicômico, o filme, dirigido pelo argentino Damián Szifron e produzido pelo espanhol, Pedro Almodóvar, tem uma configuração diferente da que estamos habituados a assistir. Seis histórias que não se cruzam, não se excluem, e nem se contradizem, mas que em sua efemeridade, tocam a singularidade da ética de cada um que as assiste.

Tal como o formato que o filme se apresenta, tentarei fazer um breve relato das histórias, ressaltando seus pontos cruciais, separadamente.

1 – Fazendo uma alusão aos casos de meninos que abriram fogo em escolas americanas, Gabriel, comissário de bordo, reúne em um voo, todos aqueles que ele julga serem seus malfeitores e leva a aeronave à queda.

2 – Uma garçonete se depara com um cliente que arruinou sua família e está pleiteando um cargo político. Sua colega de trabalho sugere que o envenenem. Eis o dilema!

3 – Um homem, dirigindo seu carro de luxo, tenta ultrapassar outro homem, em um carro caindo aos pedaços. No momento em que consegue, abre o vidro e o xinga. Minutos após a ultrapassagem, seu pneu fura. Ele se surpreende com a chegada daquele que ele outrora agrediu, pronto para lhe dar o troco. A clássica cena de briga de trânsito, que traz com ela, nesse relato, a arrogância *versus* a fragilidade do homem rico, tal como a fúria e a ira que

aparece no homem pobre, quando os dois se encontram em uma situação de igual para igual.

4 – Um engenheiro especialista em implosões se vê vítima do sistema de trânsito, e após tentativas de ser ouvido sem sucesso, resolve criar uma explosão no pátio de estacionamento para veículos guinchados, lugar para aonde seu carro havia sido levado. Ele acaba se tornando uma celebridade nos noticiários pelo ato que talvez muitos tenham vontade de cometer.

5 – O filho de um milionário sai com o carro do pai, atropela uma mulher grávida e foge. Os pais, para pouparem seu filho da responsabilidade, têm a ideia de sugerir que o caseiro, em troca de dinheiro, assuma o crime. Essa trama aponta a corrupção da polícia, a "esperteza" de alguns advogados, e o dinheiro como uma forma de escapar da lei.

6 – Noiva descobre traição do marido durante sua festa de casamento, entregando-se ao deleite de ameaçá-lo e vinga-se de um modo que seu sofrimento seria muito maior que o dela.

Esse filme ressalta, pelo menos para mim, dois possíveis caminhos para percorrermos. Um nos leva a reflexão sobre o inusitado e a resposta que dele advém quando a palavra não é convocada. O outro, nos coloca em direção de olharmos para a responsabilização de cada um diante de sua própria singularidade.

Podemos observar que o inusitado se une à urgência de uma escolha, onde os envolvidos não têm espaço para ponderar, argumentar, problematizar ou relativizar. Com a subtração da palavra, o ato se impõe. A certeza entra onde a palavra é subtraída. A palavra traz consigo a possibilidade da dúvida, e no filme, o que suscita é que na ausência dela, da palavra, aparece o que o autor nomeou de: selvagem.

A lei do mais forte é o que rege a lei da selva, pelo menos é isso que sempre ouvimos falar. Neste caso, podemos pensar que a palavra é a possibilidade que temos de mediar o selvagem, o selvagem do próprio gozo.

Outro ponto a ser destacado diz respeito àquilo que psicanalistas, filósofos, educadores, entre tantos outros, se dedicam, ou seja, sobre o tempo em que vivemos. Sabemos que com a queda de uma sociedade paternalmente orientada, onde as leis eram mais claras, definidas e delimitadas e, portanto, os sujeitos tinham modelos socialmente admirados a serem seguidos, hoje nos deparamos com perguntas mais singulares, ou seja, como cada um se coloca frente às contingências.

Surge assim, a formação de uma nova ordem simbólica. Se antes éramos orientados pelo falo, e hoje não mais, quais seriam os efeitos desta nova ordem simbólica?

Um deles, sem dúvida, é a gama de opções e possibilidades que se apresentam a cada um de nós. Hoje podemos questionar mais livremente e escolher um caminho, bem como elegê-lo como uma direção a ser seguida. Mas não podemos nos esquecer que as angústias, frente a tantas possibilidades, podem ser proporcionais às opções. A falta da orientação falocêntrica implica necessariamente na responsabilização frente às angústias, prazeres e consequências advindas das escolhas e posicionamentos de cada um.

O filme nos coloca frente a essa questão de maneira direta e nos tira o riso justamente quando cada espectador se encontra com o seu próprio gozo. O que você faria em cada situação apresentada? O que justificaria, para você, tirar a vida de alguém? Para ser ouvido por um mundo surdo, vale uma transgressão? Ou ainda: por um filho, vale incriminar alguém?

Seriam horas e horas de discussão que provavelmente não nos levaria a Um lugar, afinal, Lacan bem nos disse: A verdade não existe Portanto, só nos cabe interrogar a nós mesmos, um a um, a respeito daquilo que suportamos de nossos próprios atos, se podemos nos responsabilizar por eles e, por fim, o quanto podemos suportar de nossa própria singularidade. Aliás, papel esse ofertado pela escuta psicanalítica.

# Referências fílmicas

SZIFRON, D. *Relatos selvagens.* [filme-vídeo]. Direção de Damián Szifron. 2014; Argentina, Espanha: Waner, 2014.

# 5. Culpa em *Philomena*, Stephen Frears

HENRIQUE SENHORINI

Henrique Senhorini é psicanalista, supervisor clínico e psicólogo de formação. Docente convidado do CEP - Centro de Estudos Psicanalítico e do ILPC – Instituto Latino americano de Psicanálise Contemporânea. Fundador do blog CineFreudiano: cinema e psicanálise.

*"...certas dívidas, especificamente simbólicas, excluem a chance de um acerto de contas completo, sem resto."*

Oscar Cesarotto (1998, p.10).

O filme *Philomena* do diretor inglês Stephen Frears, com quatro indicações para o Oscar em 2014, foi inspirado na vida real de Philomena Lee. Até dá para pensarmos que é quase um documentário, mesmo com as pitadas de humor(?) que o diretor – proposital ou não – insiste em amalgamar com a crueza da vida como ela é.

Mas afinal, a nossa vida não é um documentário ficcional? A nossa própria história "verídica" também não é uma ficção, visto que sua tessitura é permeada pela fantasia?

E este excelente filme bem demonstra o lugar de importância que a fantasia ocupa em nossas vidas. Trata-se de um lugar que tenta nos fazer esquecer que a condição humana não fadada à felicidade, na sua plenitude, consegue produzir uma satisfação, por meio da fantasia, que é negada pela realidade. Pensando com Coutinho Jorge (2010), a fantasia é uma solução para nós subsistirmos com um minguado de satisfação que podemos retirar da realidade. Contudo, não é propriamente da fantasia que vou tratar aqui, mas, sim, recortar um afeto tão presente no filme e caríssimo para os neuróticos (no mínimo, somos neuróticos): a culpa.

Bem, como já disse, o filme é baseado na história real de Philomena Lee, uma senhora irlandesa que teve seu filho de três anos de idade, Anthony, "adotado" em 1955 por uma família organizada de acordo com os padrões de sua igreja. E por saber que se tratava de uma história verídica e que, consequentemente, não pertencia exclusivamente à personagem que dá nome ao filme *Philomena*, houve de minha parte uma indignação tamanha, que só escrevendo sobre o assunto para, quiçá, elaborar melhor os meus sentimentos. E o filme tem muito disso, luto e elaboração, luto e elaboração, luto e elaboração...

Confesso que não foi nada fácil digerir que o acontecido não foi na idade média, mas na metade do século passado. Porém, pior é saber que em pleno século XXI, ainda acontece esse tipo de barbárie. E minha indignação – raiva e repulsa – aumentou mais além, quando fiquei sabendo, diga-se de passagem, que mais de duas mil (2.200 mulheres/mães, segundo a Folha de S.Paulo-17/02/2014) conterrâneas de Philomena – irlandesas como ela – tiveram a sua mesma má sorte, a de vivenciarem a adoção forçada de seus filhos pela igreja católica – na realidade vendidos – a pais norte-americanos endinheirados.

Após este meu desabafo (eu precisava disso), vamos ao filme...

Antes de adentrarmos na história apresentada, só um lembrete que considero importante mencionar: vamos tratar aqui da história retratada no filme, somente dela.

Dito isso, a primeira cena com a protagonista mostra Philomena – idosa e nos dias atuais – em uma igreja acendendo uma vela e respondendo ao padre que, para ela, era alguém especial. Em seguida, o diretor mostra-a sentada em um banco eclesial relembrando um grande acontecimento de sua vida. Como em um *flashback,* ela se vê vivendo um momento raro de intensa felicidade, que a marcou para sempre e de várias maneiras. Lembrou-se de que nos anos 50, no parque de diversão no qual se encontrava, um rapaz galanteador que acabara de conhecer a cortejou. Philomena, uma feliz menina-moça do pós guerra, vivência, pela primeira vez, um romance tórrido, abrasador e – talvez por isso mesmo – fugaz. A sua maçã de amor mordida é destacada ao cair no chão. Igreja + padre (pai) + maçã = Eva + pecado original? Temos aí uma intenção do diretor?

Stephen Frears, avança nas lembranças e nos mostra Philomena, já grávida, sendo inquirida pela madre superior do mosteiro, a Abadia Roscrea. Um local religioso que recebia futuras mães solteiras, levadas por suas famílias envergonhadas. E, logo no início da inquirição, a tal madre dirige esta pergunta a Philomena: "Você gostou de seu pecado?".

Pequeno parênteses aqui.

Interessante a palavra pecado (pe-cado): pé caído; pecar: dar um passo em falso, palavras que fizeram, segundo Geraldino Alves Ferreira Netto (1998), surgir as expressões "queda original" e "cair em pecado". Geraldino ainda nos lembra de Édipo, "pé inchado", pois seus pés foram amarrados "para não pisar em falso, cair em pecado, em erro de julgamento, em incesto". (Netto, 1998, p.79). Porém, o pé inchado o fez mancar.

Continuando a Inquisição, êpa, a inquirição, Philomena tenta se defender, já quase em prantos: "Nunca me ensinaram sobre [fazer] bebês". Defesa esta que faz a madre, de bate-pronto e com língua incendiária, culminar: "Não ouse culpar as irmãs (sic). Você é a causa desta vergonha. Você e sua indecência".

Em seguida, outro corte e o diretor avança mais um pouco na linha do tempo mostrando a cena do parto. Parto este – pélvico e sem anestesia – sendo realizado pelas próprias freiras. Mas, diante da constatação de que o bebê de Philomena – aos berros pela dor – se encontrava em posição invertida, uma das freiras, acho que a parteira principal, sugere para a madre superior chamar um médico. Porém, ela recusa a proposta dizendo: "Está nas mãos de Deus agora. A dor é a penitência dela". Crime e castigo? Sim!!! Philomena foi considerada culpada pela madre superior e o parto doloroso era somente o início de sua pena.

Outro parênteses aqui

Ceder ou não ao desejo? Talvez este seja o ponto crucial das divergências entre a psicanálise e a religião, como nos lembra Geraldino Netto (1998, p.79), visto que – generalizando – para as religiões a culpa é decorrência de ceder ao próprio desejo, enquanto a psicanálise, por meio de Lacan (1987, p.382), nos ensina o contrário: "a única coisa da qual o sujeito pode ser culpado é de ter cedido de seu desejo", em *A Ética da Psicanálise* (1987).

Mais um corte do diretor proporciona o retorno de Philomena ao sofrimento atualizado pelas lembranças. Era o dia no qual seu filho Anthony completava 50 anos que provocava tamanha dor. E ela carregava o segredo de ter tido este filho por todo esse longo tempo, mais o fato dele ter sido "doado" contra a sua vontade. Sim, de ter tido o filho e não dito ao mundo sobre sua existência, a de Anthony, mais a tentativa, via resignação, de aplacar sua dor, mais o fato de não ter ido procurá-lo, de nada saber ou mesmo não querer/poder saber sobre o filho, era o seu martírio (em botânica, flor-da-paixão). Essa era a pena a cumprir. Mas, o que fazer? Afinal, a sentença da madre superior fora dada e ela não sabia como pensar e fazer diferente, principalmente diante do mundo no qual vivia. Até se deixou convencer de sua culpa, assinando um documento padrão – produzido pelas freiras para as mães solteiras – desistindo da guarda de seu filho. O mesmo serviria posteriormente para impedir essas mães a voltarem atrás de suas decisões e, ao mesmo tempo, protegeria as "irmãs" de seus atos criminosos.

Só que meio século depois ela cansou de pagar essa dívida impagável, imposta pelas normas sociais e religiosas de sua época. E, talvez, por viver agora no presente, nem uma sociedade um pouco mais branda em relação ao seu pecado, mãe solteira, lhe tenha dado a coragem necessária de, enfim, lutar a favor de seu desejo.

Um aparte

Aqui tem um fato indicando que a culpa pressupõe um Outro. Não um outro qualquer, mas um grande Outro. Lembramos que geralmente a mãe é nosso primeiro de muitos Outros (mãe, pai, tio, professor, padre, igreja, Deus, empresa, sociedade, capital etc...), em termos de importância para cada um de nós. De acordo com Colette Soler (2012, p.130-132), "há uma culpa em relação às normas do Outro" e esta culpa, "se desloca quando as normas mudam". Portanto, podemos pensar que a culpa tem íntima ligação com o Outro, com suas regras, suas leis e idealismos.

Culpa, dívida? *Schuld,* na língua do pai da psicanálise, a língua alemã. E as línguas germânicas permitem a uma única palavra fazer uma sobreposição de significados. Esta sobreposição encontra na formulação da metapsicologia freudiana sua parente, a angústia. Mas não qualquer angústia e sim um tipo especial, a produzida pelo supereu (superego).

Em *Declinações da Angústia*, Soler (2012) nos diz que esses afetos, a culpa e a angústia mesmo sendo diferentes, são irmãos, pois se avizinham, seguem-se e se combinam particularmente "nos sujeitos que são fortemente submetidos à voz do supereu". E com este "não há perdão, não há circunstância atenuante: não se escapa da prisão com o supereu!". Ainda com a autora, a diferença entre os afetos superegóicos é que a culpa engana, não produz certezas, já a angústia produz. E as angústias do supereu são as mais ferrenhas e talvez, também, as mais "devastadoras" e "aberrantes". Entretanto, a culpa, como a psicanálise nos ensina, é fundante da subjetividade e o seu fundamento não está ligado ao fato de gozar e sim ligado ao fato, segundo Colette Soler (2012), que o gozo é sempre perdido, parcial, limitado e insuficiente. Ligado "a falta do gozo", a falta.

E nós, neuróticos, privilegiamos "*as formas de gozo que participam da privação: o gozo da falta de gozar".* (Soler, 2012, p.133). Isso significa que nos é impossível evitar a culpa? Essa é nossa pena? A pena de existir?

# Referências fílmicas

FREARS, S. *Philomena.* [filme-vídeo]. Direção de Stephen Frears. 2013; Reino Unido, França, EUA: BBC Films, 2014.

# Referências bibliográficas

CESAROTTO, O. (1998) – *Apresentação*. In: da Silva, A.F.R. (org.) – *Culpa - Aspectos Psicanalíticos, Culturais e Religiosos* – São Paulo: Iluminuras.

JORGE, M.A.C. (2010) – *Fundamentos da psicanálise de Freud a Lacan, vol.2: a clínica da fantasia*" – Rio de Janeiro: Zahar.

LACAN, J. (1997) – *O Seminário, livro 7: a ética da psicanálise* – Rio de Janeiro: Zahar. (Lições originalmente pronunciadas em 1959-1960).

NETTO, G.A.F. (1998) – *Sentimento de Culpa e Religião*. In: da Silva, A.F.R. (org.) – *Culpa - Aspectos Psicanalíticos, Culturais e Religiosos* – São Paulo: Iluminuras.

SOLER, C. (2012) – *Declinações da angústia: curso 2000-2001* – São Paulo: Escuta.

# 6. Covardia em *Um homem sério*, Ethan Coen e Joel Coen

CHRISTIAN INGO LENZ DUNKER

Christian Ingo Lenz Dunker é psicanalista, professor Livre-docente do Instituto de Psicologia da Universidade de São Paulo (USP), Analista Membro de Escola (A.M.E.) do Fórum do Campo Lacaniano e fundador do Laboratório de Teoria Social, Filosofia e Psicanálise da USP. Autor de vários livros, entre eles *Estrutura e Constituição da Clínica Psicanalítica* (AnnaBlume, 2011), vencedor do prêmio Jabuti de melhor livro em Psicologia e Psicanálise em 2012. Seu livro mais recente é *Mal-estar, sofrimento e sintoma: a psicopatologia do Brasil entre muros* (Boitempo, 2015).

## 6.1 A Função do Amor na Neurose Obsessiva

O filme *Um Homem Sério* (*A Serius Man*) dirigido pelos irmãos Coen (2009) é uma releitura do livro de Jó à luz da proverbial experiência suburbana de um professor de classe média, Lawrence Gopnick (Michel Stuhlbarg).

A atitude de obediência e impassividade do protagonista serão expostas crescentemente a uma *experiência de indeterminação* sentida inicialmente como insensata, depois como indeterminada e finalmente como irrepresentável. Desta maneira podemos argumentar que a gramática do sofrimento obsessivo oscila, em seu estado natural, entre a necessidade e a possibilidade, como modalizações da demanda associada ao estado de angústia flutuante. A crise de gozo, que normalmente induz a produção de novos sintomas, ou de sintomas secundários como a eles se referia Freud, ocorre pela emergência de uma contingência. Temos aqui a angústia de segundo nível. Finalmente, é pelo encontro com a impossibilidade, como gramática fundamental do desejo obsessivo que a angústia real (*Real angust*) pode ser tematizada.

A abertura e o fechamento do filme ligam-se à trilha sonora *Somebody to love*, gravada em 1966, pelo grupo de rock Jefferson Airplane. O estribilho insiste em três perguntas e uma recomendação: *Don´t want somebody to love?* (Você não quer alguém para amar?). *Don´t need somebody to love?* (Você não precisa de alguém para amar?). *Wouldn´t you love somebody to love?* (Você não amaria ter alguém para amar?). *You better find somebody to love* (É melhor você encontrar alguém para amar). Aqui se concentram muitas das perguntas que levam o amor a ocupar uma posição específica na economia do desejo obsessivo. *Querer* e *precisar* de alguém para amar é uma forma de demanda de autorização (amorosa) do outro, para sustentar seu próprio desejo. Se o outro me ama, meu desejo está garantido. Contudo, se meu desejo está garantido ele não é mais desejo, mas apenas demanda.

## 6.2 A Religião Individual

Gopnik representa um ótimo exemplo desta transformação anunciada por Lacan de que as neuroses clássicas, como a fobia, a histeria e a neurose obsessiva iriam ser substituídas pelo incremento das neuroses caracteriais; neste caso, neuroses narcísicas. A principal diferença que podemos notar entre a neurose obsessiva clássica e sua variante narcísica dos anos 1960 é a redução do papel central ocupado pela dúvida no primeiro caso, substituída pela atitude de complacência funcional e conformada do segundo contexto:

> *"A produção da incerteza é um dos métodos que a neurose obsessiva emprega para retirar o enfermo da realidade e isolá-lo do mundo, o que constitui, por certo, uma tendência de toda perturbação psiconeurótica. Também aqui é muito nítido o tanto que os doentes colocam de si para esquivar-se da certeza e poder aferrar-se a dúvida (...)."* [1]

Contra esta expectativa de colocar o Outro na posição de conceder, autorizar ou legitimar o desejo como ato, nosso protagonista situa-se em uma espécie de suspensão continuada do ato.

Como em o *Anjo Exterminador* de Luiz Buñuel, no qual um grupo de burgueses não consegue levantar-se das privadas, nas quais estão sentados, em um interminável jantar repleto de conversação vazia, ou como em *O Segredo de seus Olhos* no qual Ricardo Darin não consegue dizer "*te amo*". A falta da letra "*a*" em sua máquina de escrever faz com que ele se prenda ao "*Te mo*" que adia indefinidamente seu ato.

Para poder corrigir-se diante do destino, Larry Gopnik quer saber e entender onde está seu erro antes de agir. Judeu, sempre tentando ser **Um Homem Sério**, Larry decide buscar ajuda superior. Assim, ele consulta três rabinos na esperança de que algum deles o ajude a solucionar seus inúmeros problemas.

Freud já havia postulado este paralelo estrutural entre a neurose obsessiva e a religião. A neurose obsessiva é uma religião individual, assim como a religião é como a neurose obsessiva coletiva universalizada. Pode-se atribuir esta afinidade entre a obsessão e a religião ao fato de que as religiões voltam-se, frequentemente, para a exploração de temas cuja solução é indeterminada:

> *"A predileção dos enfermos obsessivos pela incerteza e a dúvida se converte em motivo para aderir-se seus pensamentos, preferentemente, a aqueles temas nos quais a incerteza dos homens é universal, nos quais nosso saber ou juízo permanecem por natureza expostos à dúvida. Estes temas são, sobretudo: a filiação paterna, a duração da vida, a vida depois da morte e a memória, na qual podemos acreditar sem possuir a menor garantia de confiança."* [2]

O personagem Larry Gopnik em nenhum momento parece tomado pela dúvida. Não lhe ocorre que ele deve *agir*.

Sua disposição é, antes de tudo, *saber*. Por isso sua demanda dirige-se a advogados e rabinos. A verdade que ele declara a cada momento, sem se dar conta de suas consequências trágicas, é simples e nominalmente declarada como "*eu não fiz nada*". Sua convicção neurótica baseia-se no fato de que se alguém "não faz nada", "não pratica o mal" e "não é responsável ou culpado", nada pode advir.

Inversamente, há uma aura de cinismo nos personagens que envolvem o protagonista, como se todos eles simplesmente "não quisessem saber" das implicações e consequências de seus atos sobre Gopnik. Eles vivem um trâmite funcionalizado da demanda. Não há amor, promessa ou compaixão. Mesmo nos momentos mais tristes do filme, ninguém experimenta uma relação autêntica de piedade pelos "inocentes" incidentes, salvo em uma única exceção, que comentaremos mais adiante.

Aquele que demanda saber e compreensão para justificar seus atos, antes e em vez de praticá-los, estará condenado a receber, em escala invertida, a violência requerida por seu próprio masoquismo. O ato é um ato, porque ele é "sem saber", caso contrário ele seria apenas obediência desimplicada. É por isso que Gopnik *não é um Homem Sério.* Ele pode ser um homem bom, um homem inocente, um homem piedoso, um homem que "não fez nada", um homem que "tentou ser um homem sério".

## 6.3 O Falso Rabino

O *dybbuk* é um demônio ou espírito presente na mitologia judaica. Ele se apresenta como uma forma de possessão por meio da qual um espírito malicioso se apossa do corpo de um morto recente. O *dybbuk* opõe-se ao *ibbur* ("impregnação") que acontece com o consentimento do possuído e geralmente orientado para boas ações.

As formas da loucura na antiguidade judaico-cristã baseiam-se quase que exclusivamente na oscilação entre perda e recomposição da fé. É a relação com a lei, que articula o paralelo entre bom-mal e dizem "*quem você é*". A loucura é indeterminação entendida como *falta de determinação* (de fé, de nomeação, de fidelidade à lei).

O caso greco-romano é quase o inverso. São os deuses que se apossam dos homens e seus desígnios desconhecidos que comandam nossa ação. A loucura é indeterminação entendida como *excesso de determinação* (perda de autonomia, supressão do ato). Os deuses gregos se apossam dos heróis e fazem com que eles executem atos valorosos ou desmerecedores, sábios ou incautos.

Por isso a figura do *dybbuk*, assim como a excepcional narrativa de Jó, constitui uma exceção a esta regra. Ele coloca um problema moral que é *"como saber?"*.

O conto polonês que se encontra na abertura do filme dos irmãos Coen retrata um camponês que volta para casa em meio a uma nevasca quando a roda de sua carroça quebra. Azar. Mas é justamente nesta hora que aparece um velho rabino que se oferece para ajudá-lo e, em recompensa, o ele o convida para ir até a sua casa. Chegando lá, sua esposa desconfia que o visitante seja de fato um rabino. Ela acha que ele é, na verdade, um dybbuk que se apossou do corpo do rabino. Mas então: como saber? Se se tratar do rabino, um prato de sopa quente fará a recompensa merecida e a gratidão do sábio, uma bênção. Mas e se se tratar de um dybbuk ela terá deixado entrar em sua casa a semente da maldição? A reposta da esposa se dá em ato; enfia um punhal no peito do dybbuk que sai sangrando da casa, nevasca a dentro, não sem um riso enigmático.

O dybbuk, no caso da esposa do conto Polonês, coloca à prova a dimensão da fé, dividida entre o testemunho da autoridade humana e a crença nos sentidos imediatos. Uma amiga de sua irmã contara à esposa do camponês que o Rabino Traitle Groshkover havia morrido de tifo. Ela devia, portanto, confiar na amiga, e por extensão na comunidade oral à qual pertencia, ou em seus próprios sentidos que lhe mostravam o Rabino diante de seus olhos?

O marido camponês retrata a presa na "crença fácil", que confirma nossas expectativas de um destino protetor, ao passo que a esposa representa o princípio da "crença difícil", que é capaz de suspender a complacência do saber que se confirma por si mesmo. A solução da esposa coloca o ato adiante do saber. Ela não pode de fato saber diante de quem está, mas deve agir assim mesmo. Esta é a solução que Gopnik não consegue engendrar.

## 6.4 O método das cenas cruzadas e o objeto entrelaçado

O método do filme baseia-se na montagem de cenas sempre em paralelo, que se encontram em um elemento convergente cujo sentido é insensato, contingente e irrepresentável. Por exemplo, na sala de aula, o filho de Gopnik tenta enganar o professor de hebraico ouvindo *Somebody to love*, em seu fone de ouvido. É pego e seu rádio é apreendido pelo professor. Junto vão-se os 20 dólares que ele havia tomado da irmã para pagar o traficante na escola.

Ao mesmo tempo na sala de exame seu pai está sendo avaliado pelo médico. Este apalpa, pergunta e introduz um iluminador em seu ouvido. O ouvido da primeira cena de fundo com o ouvido da segunda cena, dividindo o sentido das cenas cruzadas: será suficiente ouvir? Será preciso ainda realizar um raios X.

O método das cenas cruzadas, com um objeto dividido que as articula, pode ser descrito como um entrelaçamento de sentidos no interior do qual emerge uma incerteza. Por exemplo, no famoso experimento mental proposto pelo físico Erwin Schrödinger em 1915, e mencionado na primeira aula de Gopnik: "Um gato é trancado dentro de uma câmara de aço, juntamente com o dispositivo seguinte (que devemos preservar da interferência direta do gato): em um tubo contador Geiger há uma pequena porção de substância radioativa, tão pequena que talvez, no decurso de uma hora, um dos seus átomos decaia, mas também, com igual probabilidade, talvez nenhum se decaia; se isso acontecer, o tubo contador liberta uma descarga e através de um relé solta um martelo que estilhaça um pequeno frasco com ácido cianídrico. Se deixarmos todo este sistema isolado durante uma hora, então diremos que o gato ainda vive, isso se nenhum átomo decaiu durante esse tempo." – Schrödinger, Erwin (1935)". Isso pode acontecer a qualquer hora ou simplesmente nunca acontecer. Sabemos, com certeza, que se abrirmos a caixa o gato estará morto, mas não sabemos se dentro da caixa está um gato vivo, um gato morto, ou um gato com partes igualmente vivas e mortas[3]. O gato de Schrödinger é a extensão do princípio da incerteza de Heisenberg e exemplifica o conceito da física quântica chamado de Verschränkung (entrelaçamento).

> *"É típico destes casos que uma indeterminação originalmente confinada ao domínio atômico venha a transformar-se numa indeterminação macroscópica, a qual pode então ser resolvida pela observação direta. Isso previne-nos de tão ingenuamente aceitarmos como válido um 'modelo impreciso' para representar a realidade. Em si mesma esta pode não incorporar nada de obscuro ou contraditório. Há uma diferença entre uma fotografia tremida ou desfocada e um instantâneo de nuvens e bancos de nevoeiro."*[4]

O domínio da incerteza articula ciência e religião, por exemplo, na figura novamente irônica do "*Mentaculus*", o mapa de probabilidades do universo, desenvolvido pelo irmão de Gopnik e utilizado para ganhar dinheiro com o jogo, mas que na verdade corresponde a garatujas sem sentido.

Também a sabedoria dos Rabinos aparece como um "repertório de problemas e soluções comuns, dentro de uma tradição onde são transmitidos", mas ao mesmo tempo, como um conjunto de truísmos de obviedades que questionam a natureza das perguntas mais do que sugerem respostas.

Outra sequência que se presta a ilustrar o método do entrecruzamento ocorre quando nosso herói aparece filmado em posição superior, uma vez que subiu ao telhado para consertar a antena de televisão. Larry Gopnik no alto de sua casa depara-se com a sensual vizinha, Mrs. Samsky, tomando sol, nua. A cena seguinte mostra seu extasiado irmão, filmado na mesma perspectiva ascendente, saindo da água com a mirabolante ideia de "engarrafar o ar daquela praia". Entre as duas cenas, o ar puro e a sensação ascensional de dominação... inútil. Freud utiliza a noção de entrelaçamento em *Pulsão em suas Vicissitudes* (1915):

> *"Pode ocorrer que um mesmo objeto simultaneamente sirva para a satisfação de diferentes pulsões, o caso do entrecruzamento pulsional (Triebeverschränkung)."* [5]

Na primeira sequência o ouvido une e separa as duas cenas, a da sala de aula e a da sala de exame. Ao fina, isso se revelará na inversão entre o tato e o ouvido. Diante do olhar e do tato do médico, ele está com saúde, mas o raios x mostrará um sentido pior que nos escapa. A segunda sequência trata do olhar que também mostrará a divisão entre a potência de dominação e a futilidade de seu sucesso.

## 6.5 Divórcio e Suborno

O filme aplica o método do entrelaçamento a dois problemas que articulam a trama. Como professor de física ele recebe um aluno coreano (Clive) que se queixa de não estar ao par de era necessário saber matemática para fazer a prova de Física. Gopnik explica que isso é Evidente mas, mesmo assim, ele não se conforma e entrega um envelope contendo dinheiro, supostamente para que o professor o aprove. O dilema moral da primeira série surge em meio às tratativas para ser contratado como professor permanente na universidade, onde é preciso decidir se aceita ou não o suborno, denuncia ou não o aluno. Mas ele parece não estar de fato em dúvida, ele apenas adia as providências que poderia tomar.

A segunda série é composta pelo pedido de divórcio feito pela esposa de Gopnik, que se envolve com o compreensivo e ardiloso Sy, viúvo há três anos. Ela quer o *get* (consentimento ritual para que o novo casamento siga a ordem religiosa). Sugere que Gopnik vá morar em um motel nas redondezas e, posteriormente, retira as economias do casal do banco. Tudo isso sem que Gopnik se mostre indignado, irritado ou perca a sua paciência de Jó.

A lógica do caldeirão furado, explicitada por Freud, exemplifica esta possibilidade de "entrelaçamento" dos motivos que desconhecem a contradição posto que dependentes do inconsciente. O que o entrelaçamento produz é um efeito de "desubjetivação" diante do ato. Uma versão do caldeirão furado aparece na cena com o estudante coreano: "*Dê uma chance,* assim não perco minha bolsa", diz o estudante. Diante da firmeza do professor, o pai do estudante vem interpelá-lo:

a. você difama meu filho (ao acusá-lo de propor suborno)
b. você é corrupto (ao aceitar o dinheiro do suborno)
c. você está agindo sob "choque cultural"

Outra versão do mesmo problema aparece no impasse sobre o divórcio. Sua esposa pede: "Dê o *get*, assim posso casar com Sy Ableman". É difícil não associar Sy pela assonância irônica com " *Psychologist*, *Psychoanalist*, *Scientist*", acrescido de Ableman, ou seja, "Homem Capaz".

## 6.6 A Indeterminação como Entrelaçamento (Verschränkung) do Possível

Um acidente de carro mata Sy Ableman – *A Serious Man, symply* solucionando o problema do divórcio. Enquanto ele bate o carro, ao xingar Clive, o estudante coreano, ele descobre que estão cobrando por uma coleção de discos que ele não pediu. Como ele "*não fez nada*" ao receber, agora estão a lhe cobrar. Esta é a máxima que torna a experiência moral incompreensível para o neurótico obsessivo: o fato de que *ele não fez nada* deveria imunizá-lo contra a culpa ou responsabilidade sobre os acidentes do mundo. No entanto é exatamente *porque ele não fez nada*, que ele é punido.

O filme é uma crítica à moral da inocência e sua ligação com o giro paranoico na Neurose Obsessiva. Ele gira em torno da ideia de que "não fazer nada" é justamente "fazer alguma coisa". Confia-se assim numa inanidade, em uma extraterritorialidade que é diferente da "Bela Alma" que assiste a tudo como se estivesse fora do mundo. Parece-se mais com um espectro que participa deste mundo sem dele se apropriar. O *dybbuk*, portanto, é uma grande imagem, irônica e ilustrativa, para estes seres sem alma, em ausência, em distância, como espectadores em relação à própria realidade. Dispostos que estão para se "apropriar de um cadáver", que se lhes afigura como um "personagem" do qual não conseguem se separar.

Exatamente por que ele *não fez nada*, e lembremos que o nada é um dos objetos a, descritos por Lacan, que trata-se de pedir presume a autorização ao Outro para desejar. O neurótico obsessivo está preso entre o gozo contingente (deduzido do necessário) e o desejo impossível (deduzido do possível). Seu sofrimento está duplamente determinado: pela necessidade (cuja negação não lhe habilita chegar ao exercício da contingência, mas da coerção desconhecida, da obediência, como no sonho do encarceramento no caixão) e pela possibilidade (cuja negação não lhe habilita chegar ao reconhecimento da impossibilidade, mas apenas da impotência).

Como ele diz: "*Eu não sou um homem mau*", "*Eu não fiz nada*", "*Eu tentei ser um homem sério*". Ao contrário de Sy que se declara como tal, Gopnik, apenas tentou.

Em um filme sem piedade ou compaixão, Gopnick procura consolar o irmão – que o inveja – na cena da piscina. Ele se esforça tentando ajudá-lo a chegar ao Canadá, mas é abatido pelo vizinho e seu filho (de porte e apresentação racista). Para "ajudar o outro" ele acaba usando o dinheiro do "suborno", tornando-se, assim, objetivamente culpado. Isso explica a virada sensacional que o filme imporá nas suas sequências finais. A religião obsessiva se alimenta de seus próprios fracassos, ao transformar toda indeterminação em déficit de determinação.

# Referências fílmicas

COEN, J. e E. *Um Homem Sério*. [filme-vídeo]. Direção de Joel Coen e Ethan Coen. 2009; EUA: Working Title Films, 2010.

# Referências bibliografias

1 FREUD, Sigmund. (1909) A propósito de um caso de neurose obsessiva (Notas sobre um caso de neurose obsessiva (O homem dos ratos), 181-182.

2 FREUD, Sigmund. (1909) Notas sobre um caso de neurose obsessiva (O homem dos ratos), 181-182

3 Die gegenwärtige Situation in der Quantenmechanik (A situação Atual da Mecânica Quântica)." Naturwissenschaften.

4 Schrödinger, Erwin (1935). Die gegenwärtige Situation in der Quantenmechanik (A situação Atual da Mecânica Quântica).

5 FREUD, Sigmund. 1915) Pulsões e suas vivissitudes. In Obras (In) integrante da coleção Obras Incompletas de Sigmund Freud. Belo Horizonte: Editora Autêntica, 2015 (16).

# 7. Desrespeito em *A professora de piano*, de Michael Haneke

GRAÇA NUNES

Graça Mansani Nunes é psicóloga. Psicanalista em formação pelo Instituto de Psicanálise Lacaniana (IPLA) – São Paulo/SP. Tem especialização em Terapia Familiar Sistêmica pelo INTERCEF – Curitiba/PR e também pelo Mental Research Institute, em Palo Alto, Califórnia. Graduação em História da Arte em Los Angeles, Califórnia.

> *"Sejam sublimes quando se voltam para a arte, a criação ou a mística, sejam abjetos quando se entregam às suas pulsões assassinas, os perversos são uma parte de nós mesmos, uma parte de nossa humanidade, pois exibem o que não cessamos de dissimular: nossa própria negatividade, a parte obscura de nós mesmos." (Roudinesco, 2008, p. 13).*

Adaptação do livro autobiográfico da escritora austríaca e vencedora do Prêmio Nobel de Literatura de 2004, Elfriede Jelinek, La Pianiste (2011), – o filme de Michael Haneke, A Professora de Piano, não passa despercebido ao ser assistido. Desperta no público as mais antagônicas reações, em uma curva que oscila entre o fascinante para alguns, até o degradante e perturbador para outros. Uma das fortes marcas desse filme é o tom clínico e propositalmente cheio de reticências que insiste em nos fazer ocupar a posição de analistas.

O desempenho de Isabelle Huppert (Erika Kohut) como a professora de piano é estelar e merecedor do prêmio de melhor atriz, em 2001, no Festival de Cannes. Annie Girardot brilha como a mãe da professora. O trabalho magnífico de Benoît Magimel (Walter Klemmer), também foi reconhecido ao ganhar o prêmio de melhor ator em Cannes, e merece ser comentado.

O diálogo inicial do filme nos apresenta um claro mapa do relacionamento entre a protagonista Erika e sua mãe, as duas personagens centrais da trama:

> Mãe: – Boa Noite, criança.
> Erika: – Boa noite mamãe...
> Mãe: [com sarcasmo] – Já em casa? Fico tão feliz...
> Erika: – Já estou indo...
> Mãe: – Não tão cedo, querida.

Erika: – Por favor, me deixe, estou cansada...

Mãe: – Acredito... seu último aluno saiu há 3 horas. Quero saber... aonde você esteve todo este tempo?

Erika: [tentando se desvencilhar e ir para o quarto] – Me deixe dormir... fui dar uma volta.

Mãe: – Não, não vai! Não até que me conte tudo.

E levados pela composição clássica de Schubert e Schumann encontramos Erika e seu mundo. Erika Kohut, solteira, em torno dos 40 anos, vive com a mãe que não faz outra coisa além de controlar cada detalhe de sua vida em um pequeno e escuro apartamento vienense. Palavras ressentidas e, às vezes, agressões físicas são trocadas entre mãe e filha, para, em seguida, dormirem juntas em camas de solteiro colocadas lado a lado, apesar de, no decorrer do filme, ficar claro que Erika possui seu próprio quarto, mas sem chaves.

A protagonista é professora de piano em um renomado conservatório de Viena, e é conhecida por ser rigorosa em treinar seus alunos, além de humilhar e destruir a confiança dos mesmos. Sua aparência sóbria e cinza não tem vestígios femininos de sedução ou sexualidade. Há uma ausência de expressão no olhar que na maior parte do filme nos impele de projetar ali, no vazio de seus olhos, nossas próprias inquietações.

Seu tempo, quando não está dando aulas, é usado em visitas noturnas a cinemas pornôs e *peep-shows* onde assiste a vídeos *hardcores*, enquanto pega da lixeira e cheira, demoradamente, lenços de papel com esperma deixados ali pelos frequentadores. Erika também visita um cinema *drive-in* e urina ao lado de um carro enquanto assiste ao casal que está ali fazendo sexo, contudo, quando é vista pelo rapaz, foge apavorada. Incesto e automutilação genital também são parte da tentativa da protagonista de se apossar de seu próprio corpo. Há uma cena em que Erika está sentada à beira da banheira se automutilando na região genital, a mãe a chama para jantar e a interrompe em meio a um orgasmo. Isso fornece a ideia precisa da falta de privacidade a qual Erika está submetida.

De acordo com Roudinesco (2008), esse comportamento transgressivo revela "(...) *entre o enraizamento na conspurcação e a elevação a que os alquimistas chamavam outrora de 'volátil', em suma, entre as substâncias inferiores – do baixo-ventre e do monturo – e as superiores – exaltação, glória, superação de si –,* existe, portanto, *uma estranha proximidade feita de renegação, clivagem, repulsa, atração.*" (ROUDINESCO, 2008, p. 18)

É neste ponto que localizo Erika, dividida entre a música clássica de Schubert e Schumann que a vivificam, e o mundo obscuro em que ela vive algumas horas durante à noite. Ou seria entre a busca do próprio desejo afinado e delicado e o imperativo categórico do gozo mortífero? A seleção das músicas do filme é de peças em que há o alto e o baixo, o *major and minor*, tranquilo e agitado, pálido e exuberante. Torna-se interessante notar que Erika e a música que ela toca, estruturada, em regras estritas de prazer e dor, trazem essa dualidade de contrapontos emocionais no decorrer da trama.

Tanto que a música parece ser um jogo de poder (só de ida) para o compositor cujo objetivo é o de manipular sentimentos – controlar o quão rápido, a quantidade de prazer e a quantidade de dor. Sobre isso, Erika descreve para um aluno que o melhor desempenho é uma questão sutil de controle, insistindo que a música não deve cair nem em jogo mecânico, nem em sentimentalismo. Em meio a tudo isso, a música tem que ser "a certa" para bater a marcação precisa, assim como "certo" deve ser o contexto de vítima e algoz em que ela vive.

A partir disso, podemos revelar uma das razões de sua afinidade com Schubert e Schumann. Schubert, o favorito da pianista, é em si um contraste, como diz Erika: "*Schubert não vai entre falar alto e depois baixo, ele vai do 'grito ao murmúrio'*" – tal como ela. Tanto Schubert como Schumann tiveram história de excessos, abuso de álcool, drogas, sífilis, promiscuidade, insanidade e finalmente uma morte precoce.

Logo no início, Erika encontra Walter em um recital na casa de amigos em comum. Jovem, bonito, esportivo, intelectual, artista, estudante universitário, rico e talentoso que logo se apaixona por ela. Ele é tudo o que Erika não é.

Em sua primeira conversa com Walter Klemmer, no recital onde se conheceram, Erika se refere ao livro que Adorno escreveu em que descreve a sanidade de Schumann por um fio. E emenda que esta possibilidade para ela é real já que seu pai está num asilo de "loucos". Esta e a notícia da morte dele são as duas únicas menções feitas sobre o pai de Erika durante o filme. *A Professora de Piano* não oferece respostas e explicações fáceis, mostra apenas uma janela da vida da protagonista, tal como quando se recebe um paciente em uma sessão. Somos, então, colocados no papel de analistas e desafiados a pensar em Erika sem saber quase nada sobre sua vida passada.

Treinos rígidos, provavelmente, desenvolveram a técnica perfeita de Erika, mas sem um vasto repertório de emoções circulantes, não se pode tocar Schubert, Schumann ou Chopin a ponto de se destacar. Sentimentos para ela são "*obtidos através de ações extremas como se cortar e, através da dor, sentir o corpo para capturar a realidade a qual está agarrada apenas por uma linha muito tênue*". (ŽIŽEK, 2003).

Em um determinado momento Erika diz para Walter: "*eu não tenho sentimentos, e se os tiver, jamais vão suplantar minha inteligência*". As poucas vezes em que se percebe emoção em Erika ocorrem quando Walter toca Schubert ao piano e Erika, impedida de aceder ao registro do simbólico, não sabe quem ela é, o que é, o que quer, nem o que deseja. Para descobrir quem é, e na tentativa de se apossar de seu próprio corpo, ela fantasia, e executa a fantasia.

Laurent (1995), descreve que um dos três eixos de pesquisa no ensino de Lacan sobre a perversão é que, para que ela aconteça, é necessário que antes haja a fantasia. A fantasia, que na histeria é oculta, privada e parcialmente recalcada, no perverso é pública, diz Laurent, e necessita ser assim porque o perverso precisa da confirmação do Outro para sua própria existência.

O perverso nos mostra a verdade amoral do desejo sexual. Com isso, podemos relacioná-la a Erika, que atua de um jeito desesperado, assim como desesperada é sua tentativa de se apossar de seu corpo, de suas possibilidades, de seu prazer e de seu próprio desejo, joguete que advém ainda do desejo materno. Ela busca se conhecer. Mas como? Se ainda está dormindo com a mãe e vive sob sua tutela emocional? Mesmo ao colocar vidro moído nos bolsos do casaco de uma estudante brilhante, Erika está cumprindo o desejo da mãe que, uma noite antes, a adverte: "*ninguém pode ser melhor do que você*". Isso sem mencionar que na noite da briga, que ocorre no início do filme, a mãe diz a ela: "*eu deveria cortar suas mãos*".

A atividade erótica é o que resta para Erika controlar. A questão, para a pianista, é como adentrar a lei tornando-se um sujeito de desejo, deixando de ser objeto da mãe? Para Freud, o perverso vive a castração com horror porque, para ele, a castração é real. Como defesa desse horror, Erika nega que a mãe tenha sido castrada e, é claro que com isso, não tem acesso à lei que a interdita. Ao negar a castração, não existe a falta que faz com que o sujeito se constitua como sujeito do desejo, pois só depois de reconhecer que há uma lei, é que ele garante para si o estatuto de se constituir como sujeito do desejo.

A violência que Erika dirige ao próprio corpo parece ser outra ação levada ao extremo para separar-se da mãe. Contudo, suas transgressões eróticas ao invés de a levarem a uma outra posição subjetiva, a devolvem sempre ao mesmo lugar de gozo que vive com a mãe. Segundo Freud, Apud Ferreira Neto (1999), "*tudo que o neurótico recalca, o perverso acentua na expressão de uma sexualidade infantil de caráter bárbaro e pulsional que não respeita nem a interdição do incesto, nem o recalque, nem a sublimação*". No filme, uma cena que deixa clara a falta da lei internalizada é quando, na noite em que tem seus pedidos rejeitados por Walter, Erika pula sobre a mãe que já se encontra na cama, beijando-a e dizendo: "*eu te amo*", como se fossem fazer sexo. A mãe então fala que ela precisa estar disposta para a performance do dia seguinte, que precisa dormir bem e outras banalidades, mas não fala nada sobre o acontecido.

Outra cena importante é quando Erika e Walter estão no banheiro do conservatório. Ela o vitimiza e ordena que se exponha, que olhe apenas para ela e, realizando sua fantasia ao mesmo tempo que o excita, o proíbe de ter um orgasmo sob pena de nunca mais vê-la ou tocá-la. Nesse momento, ela quer fazer-se instrumento do gozo do Outro, pois o Perverso pensa ter uma certeza, a de saber qual é o gozo do Outro.

Um exemplo claro de fetichismo é quando um objeto "entra" em cena e cobre a falta do Outro. O perverso quer positivar a falta, por isso precisa do instrumento para fazer um pacto, mesmo falso, que é o que Erika tenta com Walter. Ele seria seu brinquedo, mas não pode perceber isso, pois ainda precisa pensar que está ali por sua própria vontade.

Ao abrir para Walter sua caixa de acessórios sadomasoquistas, escrever a sua lista de desejos masoquistas e instruí-lo com detalhes sobre tudo o que deve acontecer, ela deixa claro que é ela quem está no controle da cena. Quer dirigir sua própria dor, planejar seu flagelo e comandar sua tortura, autorizando o Outro a comandar sua vida, investindo-o, desta forma, da potência fálica. Para o masoquista, o castigo e a punição servem para que se sinta "autorizado" a provar, então, do fruto proibido.

Eis a carta que Erika escreve para Walter:

> *"(...) Se eu implorar, aperte ainda mais os nós, por favor. Aperte o cinto ao menos dois ou três buracos mais. Quanto mais apertado, melhor. Então me engasgue com algumas meias que eu já terei prontas para isso. Empurre-as tão forte na minha garganta que eu não consiga emitir qualquer som. Depois, retire a venda e sente na minha face e me soque o estômago para me forçar a enfiar minha língua no seu traseiro."*

Ao que o atônito Walter responde: "Isso é sério? Você está brincando, não está? Você quer um tapa?". O desejo dele não importa para Erika, só importa se ele será ou não capaz de desempenhar o papel que ela lhe atribuiu para satisfazer o imperativo de seu gozo mortífero. Se ele não conseguir tomar parte ou "desempenhar" o papel que a fantasia de Erika requer, a cena colapsa. O que é vital para a satisfação do gozo errático dela, é que ele pense que espancá-la, humilhá-la e degradá-la é desejo dele. Ela diz em uma das cenas: "*eu quero que você queira querer*".

Assim, Erika busca lugares onde a cena da sua fantasia está, por assim dizer, "montada" sem que haja nada que intervenha entre a fantasia dela e a satisfação da mesma. A busca por profissionais do sexo também tem, em partes, o fator de que a fantasia contará com o complemento exato. A autenticidade do desejo não importa para a pianista, como importa para o neurótico que, constantemente, se questiona sobre qual seria o desejo do Outro. O que a move é o desejo de fazer com que o Outro não pense que está sendo apenas um acessório ou um "brinquedo". Walter DEVE pensar que está no comando fazendo tudo porque quer, por isso o sádico e o masoquista não dão certo juntos como parceria, pois a palavra-chave dos dois é controle, e o que move ambos é "saber" sobre o desejo do Outro.

Ser pega em flagrante no *drive-in* a apavora porque o olhar do Outro referencia a ela mesma. A experiência de alteridade (ela teria que ter tido acesso ao plano simbólico), no caso do perverso, é radicalmente excluída. O que ela vive é um aprisionamento de um gozo solitário, autoerótico, imposto, repetitivo, mortífero, excessivo.

Sobre o perverso, Chasseguet–Smirgel (1984, tradução nossa), pontua *"(...) neles constatei uma clara feição compulsiva, com intenso sofrimento psíquico, submissão à lei implacável e desumana do gozar, de um estar preso à cena primária (...)"*.

Para o perverso, o desejo do Outro é negado, pois o perverso não ascendeu ao plano simbólico. Assim sendo, masoquismo, sadismo e perversão excluem a possibilidade do amor devido a sua negação da falta no Outro. Para Erika, o Outro é apenas objeto de manipulação e conhecimento (objeto de gozo), pois para o perverso o que conta é SABER o gozo do Outro, como discute Miller (2005, p.306), "*embora o perverso sofra sobre sua capacidade de fazê-lo, ele se apresenta como capaz de revelar a verdade do gozo ao não-perverso*".

Ao ler a carta que Erika escreveu com os detalhes de seus desejos e ver a caixa de acessórios, Walter se recusa a ser seu brinquedo sexual. Ela, ao perceber que perdia seu mais importante acessório, procura-o no treino de *hockey,* declara que o ama, e, então, os dois passam a ter um contato sexual desinvestido de todo o teatro que Erika requer, quando ela interrompe o contato para vomitar. Walter reage:

> *"Você fede, sua boca fede, você deveria deixar a cidade até que deixasse de feder um pouco, e deveria enxaguar sua boca mais vezes e não só quando meu pênis a enoja. Até hoje nenhuma mulher vomitou ao tê-lo dentro da boca".*

E, assim, uma noite, Walter aparece na casa de Erika, e com raiva diz que estava quase se masturbando lá fora em frente à janela da casa dela, completando a cena com a fala: "É isso não é!? É isso que você quer!? Sua pervertida, sua bruxa, quer passar a todos a sua*!*".

O que acontece em seguida, corre de acordo com as instruções iniciais de Erika em sua carta em que ela pede a Walter que tranque sua mãe no quarto: "*não se preocupe com a minha mãe*". Apanhar na frente dela também era parte de sua fantasia, pois mostraria que ela – Erika –, já não é mais seu objeto.

Erika diz: "*há muito tempo eu ansiava por ser espancada*". E nas cenas que seguem, é marcante o excelente desempenho do ator Benoît Magimel atuando como alguém que representa um papel de maneira não convincente – Walter Klemmer como sádico –, ele age como se falsificasse o estupro que ela havia pedido. Nesse momento, para Erika, é como se ao ter Walter como parceiro, ele pudesse ocupar o lugar de sua mãe. Isso é constatado muito antes, desde quando ela entrega a carta de desejos para que ele leia e, em seguida, abre o armário de roupas e diz: "*escolha agora o que devo vestir*". Então, nesse momento, não é a perversão, mas o uso da estrutura perversa em direção à mudança de posição subjetiva.

No momento em que Walter, ao retornar da cozinha onde foi beber água, vê que Erika está tentando destrancar a porta do quarto em que está sua mãe, é como se ele e a mãe de Erika fossem rivais amorosos, e então diz a ela: "*saio um minuto e você já está me traindo*?!". Ele capta a tentativa dela de colocá-lo no lugar de sua mãe. Essa estratégia masoquista de Erika posicionando Walter no lugar da mãe serve para que ela se afaste da posição de objeto de gozo de sua mãe e ocupe o papel feminino de objeto de desejo de Walter.

Quando Walter diz a Erika: "*você está doente e precisa de tratamento*", ele não sabia que o papel sádico que estava prestes a desempenhar seria o tratamento para que se desenrolasse outra cena, possibilitando uma mudança de posição subjetiva na pianista. Posicionando Walter para agredi-la e cortá-la, Erika está se distanciando de sua mãe. Durante o "estupro" – entre aspas mesmo porque a situação é ambígua –, não se sabe se realmente é estupro ou se é uma cura para ela. E repetindo as ordens da carta, Walter vai fazendo uma a uma as ações que antes foram requisitadas por Erika.

Batendo nela, Walter diz que Erika é, em parte, responsável pelo que está acontecendo, e ela em resposta fala "*sim*", duas vezes. Klemmer dá as ordens como ela havia pedido, e não parece ser uma cena de violência masculina contra uma mulher que não consentiu. Na saída, pergunta se ela está bem e Erika faz que sim com a cabeça. A pianista passa então a ocupar a posição feminina de objeto de desejo de Klemmer, afinal, abre-se outra cena para a protagonista: a possibilidade de redefinir sua posição subjetiva.

Por meio de Klemmer, Erika ataca a si mesma cortando sua ligação com seu objeto de amor e ódio, sua mãe mas, desta vez, não da forma impotente e repetitiva como fazia antes. O "estupro" cumpre sua finalidade, a de desobjetificar Erika. Para Roudinesco (2008, p.18):

> "*Em outras palavras, a imersão na degradação comanda o acesso a um além da consciência – o sublimar –, bem como à sublimação no sentido freudiano. E a travessia do sofrimento e da decadência leva assim à imortalidade, suprema sabedoria da alma*".

Ao som de Schubert, o filme foi desvelando sua face trágica que, assim como a vida, não tem um desfecho magnífico. Na noite da importante *performance* no conservatório, uma Erika um pouco mais distante da sujeição à mãe, não acompanha a mesma ao interior do teatro e, do *hall*, dirige-se para a rua.

Na cena final, Erika, que levou para o recital uma faca dentro da bolsa, corta-se na altura do coração. Agora ela corta o órgão metafórico do amor. Da possibilidade de amor que viu em Walter, amor que teria um importante papel e que seria a única maneira de fazer um acordo entre o desejo e o gozo. Como discute Quinet (2012, p.55) "(...) *com Lacan, percebemos que para que haja vínculos de qualquer instituição, ou de ensino, ou de funcionamento burocrático é necessário que o outro não se reduza a um objeto para seu gozo próprio*". Com sangue escorrendo pelo casaco e ignorando o olhar das pessoas que se cruzam com ela. Ela segue andando em um ritmo lento, descompassado. Não se sabe aonde vai, contudo podemos pelo menos supor que subjetivamente não voltará mais para o mesmo lugar de objeto de onde veio.

Na perspectiva lacaniana, o perverso quer positivar a falta do Outro, pois ele (o perverso) nega a castração e assim precisa colocar um falo, que seria o fetiche. Como é discutido por Colette Soler

(2013, tradução nossa), em sua conferência na Universidade CES: "*O real da não proporção sexual dá sentido ao real do sintoma que não tem sentido e se fixa contingentemente, geralmente, traumaticamente, porém é um fora de sentido (...) Diz Lacan: Que o sintoma é uma suplência que supre a impossibilidade da relação sexual.*", o sintoma naquilo que conjuga do real e do sentido é complementado por Miller (2005, p.124): "*A relação com o Outro não existe, e por isso no lugar deste Outro colocamos o sintoma. Sobretudo, colocamos o sintoma no lugar do outro sexo: o homem para a mulher é um sintoma e às vezes também esta o é para o homem*". A perversão é só uma das inúmeras soluções entre outras mil para o impossível da relação sexual e do amor, e é um esforço para negar o real dessa impossibilidade.

A lista composta das perversões que Erika cultivou por anos parece ser um meio de escapar do vácuo dentro da concha em que reside. Ela quer controlar, ela quer ser espancada, humilhada, cortada, controlada, quer ser degradada, machucada, ferida. Sim, quer tudo isso, mas através de seu encontro inesperado com Walter Klemmer, talvez agora ela esteja vivendo a possibilidade de poder sentir, desejar e ser amada. Ser finalmente um Sujeito de Desejo.

# Referências fílmicas

HANEKE, M. *A professora de piano*. [filme-vídeo]. Direção de Michael Haneke. 2011; Alemanha / Áustria / França / Polônia

# Referências bibliografias

CHASSEGUET-SMIRGEL, Janine. *Creativity and perversion*. Londres: Free Association Books, 1984.

SOLER, Colette. *CONFERENCIA: el reverso de la crisis*. Psicoanalista, Doctora en Psicología París VII. Universidad CES, Sede El Poblado, 2013. 98min. Disponível em: < https://www.youtube.com/watch?v=DrHDJILkQg4> Acesso em: junho de 2017.

FERREIRA NETTO, Geraldino A. *Perversões ou perversão*. In: Espaços da Clínica, vol. IV, nº 6, São Paulo, julho de 1999.

JELINEK, Elfriede. *A pianista*. Rio de Janeiro: Tordesilhas, 2011.

LAURENT, E. *O uso perverso da fantasia*. Rio de Janeiro: Jorge Zahar Ed., 1995.

MILLER, J.-A. *El otro que no existe y sus comités de ética*. Buenos Aires: Paidós, 2005.

QUINET, A. *Os Outros em Lacan*. Rio de Janeiro: Jorge Zahar Ed., 2012.

ROUDINESCO, E. *A parte obscura de nós mesmos*: uma história dos perversos. Rio de Janeiro: Jorge Zahar Ed., 2008.

ŽIŽEK, Slavoj. *!Bem-vindo ao deserto do real!*. Cinco ensaios sobre o 11 de setembro e datas relacionadas. São Paulo: Boitempo Editorial, 2003.

# 8. Solidão em *Precisamos falar sobre Kevin*, de Lynne Ramsay

HENRIQUE SENHORINI

Henrique Senhorini é psicanalista, supervisor clínico e psicólogo clínico de formação. Docente convidado do CEP - Centro de Estudos Psicanalítico e do ILPC – Instituto Latino americano de Psicanálise Contemporânea. Fundador do *blog* CineFreudiano: cinema e psicanálise.

O perturbador filme de Lynne Ramsey, baseado no livro *Precisamos Falar Sobre Kevin* de Lionel Shiver, após a enigmática cena da cortina esvoaçando, começa – para minha leitura – mostrando um espetáculo de gozo coletivo no qual se percebe a sua potência na expressão deleitosa de Eva, carregada triunfalmente pela multidão em plena *La Tomatina*. Uma bela cena da festa dos tomates na Espanha que, mostrada de cima, pode ser confundida, por algum instante, com o inferno de Dante. Esta cena também marca a felicidade que Eva sente da vida livre e prazerosa que leva. Porém, logo percebemos que se trata de uma lembrança e o tempo correto do verbo sentir e levar é o passado... a felicidade que Eva sentia da vida livre e prazerosa que levava. O seu presente fica explicitado sobre a mesa na cena seguinte.

De volta ao passado, via *flashback* como recurso da direção para mostrar as recordações de Eva, esta vai se ver na noite que seu primogênito foi gerado e da promessa feita de não ir mais embora. E suas recordações avançam e recuam na linha do tempo como se procurasse algo, algum ponto específico na história de sua vida. Em outra recordação, é mostrada a cena do trabalho de parto e nela escutamos alguém dizer, entre gritos de dor: "pare de resistir, Eva". Um corte e a cena seguinte mostra o bebê embalado no colo do pai e Eva sentada na cama, passando a impressão pela sua expressão, na minha fantasia, que estava a pensar: o que eu fui fazer? Ou como dizem no popular: que merda eu fiz!!!

Um parênteses aqui

Interessante esta pergunta que muitas vezes nos fazemos principalmente quando nos deparamos em alguma situação que, por escolha, não escolhemos. Deixa a vida me levar é uma das opções possíveis. Teria sido o caso de Eva?

Uma outra hipótese que suscita é se a da força do nome bíblico Eva (por que a autora escolheu este nome?), na Gênesis (www.bibliaonline.com.br), é de alguma maneira determinista. Está lá na Gênesis (3:16) que, após comerem o fruto proibido, Deus determina o futuro de Eva, a mãe primeva da Terra, com a seguinte frase: "Multiplicarei grandemente a tua dor, e a tua conceição; com dor darás à luz filhos".

Voltando ao filme, o ato de dar à luz é, para a maioria das mulheres da contemporaneidade (diferente das nossas avós e bisavós que tinham 9, 15, 18 filhos), um ato significante. Trata-se daquele ato que divide a vida de uma pessoa em um antes e um depois. E no caso de Eva, foi realmente um divisor de águas entre a mulher profissional bem-sucedida que era e a mulher-mãe que vive para o filho *full-time*. Se ela já pressentia que teria que abrir mão de um desejo caro por outro desejo não tão caro, demonstrado nas cenas durante a gestação e na resistência presente no momento do parto, não sabemos, apenas dá para supor.

Um aparte

Por meio do *blog* dos psicanalistas Diana e Mario Corso (2012) conheci Helene Deutsch, autora do livro *The psychology of women* (DEUTSCH, 1944 apud CORSO, 2012), que afirma haver tipos diferentes de maternidade que basicamente se encontram em dois grupos por ela assim dividido:

"Um tipo é a mulher que desperta para uma nova vida através de seu filho, sem ter o sentimento de uma perda. Tais mulheres desenvolvem seus encantos e sua beleza somente depois do nascimento de seu primeiro filho; o outro tipo é a mulher que desde o princípio sente uma espécie de despersonalização na relação com seu filho; tais mulheres dedicam seus afetos a outros valores (erotismo, arte ou aspirações masculinas) ou esse afeto é demasiado pobre ou ambivalente em sua origem e não pode tolerar uma nova carga emotiva; o primeiro tipo estende seu eu através da criança, o segundo sente-se limitado e empobrecido." (Corso, 2012, para.1-2).

Segundo o blog do casal – e eu concordo com eles – "hoje, os dois tipos que ela [Deutsch] teoriza convivem em cada mulher, junto com todas as nuances intermediárias entre eles". (Corso, 2102, parágrafo 2).

Ao filme... no desenrolar da película, o recurso do *flashback* nos ajuda na tentativa de montagem de um quebra cabeça, cuja peça principal parece que procuramos juntos com Eva. Qual a peça? Procuramos aquela que, agindo como investigadores policiais, nos explique e justifique o que foi que fez Kevin se tornar um garoto columbine. Temos a sensação que Eva procura o exato ponto onde supostamente fracassou... Por que penso isto? Porque ela aceita a culpa que a sociedade normalmente joga nos ombros das mães, dos pais, acatando o velho provérbio popular: "bons frutos, boa árvore" no seu inverso, concomitante à outras exigências sociais/ culturais que invadem superegoicamente de forma imperativa: uma mãe "tem" que amar incondicionalmente seu filho. Caso não aconteça, caça às bruxas. E olha que Eva, em momentos hercúleos tenta ser essa mãe com todas as suas crenças, inclusive a crença que diz que se trata de habituação, de se acostumar.

Eva percorre em suas lembranças a história de Kevin, através da sua, desde o período de gestação, passando pelo nascimento e chegando até o fatídico dia D... Ou melhor, dia R do Real, do seu encontro com o Real? Também recorda a alegria não sentida como a que via nas outras gestantes no período pré-natal; o difícil e doloroso parto; os momentos de choro sem fim, um choro desesperado para uma mãe também desesperada que só se calava na presença de Franklin. Este me parece mais preocupado em dar conforto não somente via bela casa e outros bens, mas também sempre confortando a ambos, Eva e Kevin, como se fosse essa a sua função paterna. Franklin me dá a impressão de querer viver o ideal da propaganda da margarina todos os dias, esquecendo-se que o ideal se encontra no patamar do inacessível, portanto do impossível. Franklin não se encaixa no papel do pai da lei, que faz função. É apenas um pai que compõe o cenário.

Kevin – seguindo uma linha cronológica de desenvolvimento infantil adotada como normativa – demonstra, ou tenta demonstrar ter uma certa dificuldade em operar por essa via. Assistimos, somente porque Kevin quis mostrar, que ele só não falava porque não queria. Simplesmente assim, ou posso apostar que se tratava de uma tentativa em frustrar as expectativas do Outro, da mãe (que é o primeiro Outro). Lembram da cena na qual Eva pede para ele dizer mamãe e obtém como resposta um bem-dito ou mal-dito não? Do mesmo modo ele reproduz no aparente descontrole dos esfíncteres o seu total controle em decepcionar, frustrar e irritar a mãe. E a cena que corrobora com minha aposta é da troca de fraldas... após ser limpo por Eva ele se esforça para mostrar, novamente, seus dejetos e a fita com um olhar meio sarcástico. Seria seu mundo o i-mundo como dejeto, dejeto da mãe?

E qual a consequência, no meu entendimento, de seu *acting-out*, ato endereçado ao Outro, à mãe? A passagem ao ato de Eva que o arremessa para longe dela.

Lembram, também, quando a mãe tenta retornar ao seu campo de gozo, montando e decorando um pequeno quarto com mapas de viagem nas paredes? Percebe-se o ar da graça reaparecendo em sua face, via fantasia, fazendo o contraponto necessário para todos nós aguentarmos a crueza da vida. (Lembro, aqui, a famosa expressão do filme *Cheiro do Ralo,* de 2007: "a vida é dura").

E o que Kevin faz? Destrói esse que se apresenta como único reduto de prazer da mãe, que poderia ser-lhe útil como um cilindro de ar é para o mergulhador.

Hipóteses brotam em abundância: é um gozo o que Kevin sente que o faz deixar a mãe sempre insatisfeita? Mas deixar o outro insatisfeito não é da estrutura histérica? Uma demanda de amor do tipo olhe para mim por bem ou por mal? Há falhas gritantes na lei simbólica do pai imaginário (aquela que barra, que interdita) fazendo com que Kevin conheça a lei para transgredir?

Bom, mas este "eu sei, mas mesmo assim...", expressão cunhada por Octave Mannoni (1991), não é uma característica da perversão como estrutura clínica? Ou seu pai cenário é realmente só um cenário do Pai da Lei, portanto lei esta, foracluída como nas psicoses?

Bem que eu poderia optar em qualquer uma das três clássicas estruturas clínicas para desenvolver uma leitura possível deste filme e tentar dar uma sustentação teórica, mesmo que por alguns instantes. Mas, seria mais ou menos como querer encaixar Kevin na famosa cama de Procusto, principalmente se ela fosse de uma psicopatia, de um sociopata. Isto nos daria um distanciamento reconfortante e poderíamos dormir em paz e protegidos de nós mesmos. Afinal, entre Kevin e nós há uma diferença abismal. Porém, nem tanto como gostaríamos que fosse, pois o ódio nos aproxima de Kevin (ou de Eva?) muito mais do que gostaríamos. Como assim?

Pois é... o ódio é muito interessante, pois até consegue fazer com que nos odiemos por senti-lo, como já li em algumas pichações pela cidade: "eu me odeio por sentir ódio" e "odeio odiar". E, até por isto que também escolhi o ódio como via preferencial para abordar o filme, pois deste ninguém está imune. Entretanto, para não ficar conceitualmente preso no ódio como uma das três paixões fundamentais do ser (amor, ódio e ignorância), nem como sinônimo de transferência negativa na questão sobre a dinâmica da transferência e nem na freudiana metapsicologia sobre a constituição do sujeito, vou adotar os ódios (no plural), do Mauro Mendes Dias (2012), como estratégia de liberdade. No meu caso, como uma estratégia na qual me autorize errar sem culpa e sem correr o risco odiar por isso.

Bom... parece que o ódio é odioso e odiado nas sociedades ocidentais como a nossa. E Dias (2012) nos faz lembrar de não cairmos (nós, psicanalistas) na armadilha de querer eliminar ou converter o ódio em amor via intervenções forçadas, em uma conduta de pasteurização do humano, como se ódio fosse um vírus. O ódio também é uma manifestação autêntica da singularidade do sujeito. E dependendo do nosso manejo, pode se tornar uma forma de abertura do sujeito ao Outro. Por isto, decidi eleger o ódio como a via escolhida por Kevin para se fazer presente e reconhecido como sujeito.

Então, sempre como hipótese, Kevin utiliza o ódio como força motriz que o impulsiona para o seu desejo, mas diferente de Antígona (Lacan, J., 1997 - *O Seminário, livro 7: a ética da psicanálise* apud Dias, M.M., 2012, p.25) não pela via da destruição do Outro, no seu caso seria o Outro primordial, e sim pela destruição de tudo que se aproxima como índices de desejo deste Outro, ou seja, da mãe. Para quê? Para viver numa espécie de simbiose ao contrário com a mãe? Para ser desejado em uma plenitude, ser único como objeto de desejo da mãe interrompendo a metonímica deste? Uma maneira de Kevin se manter, incondicionalmente, ligado a mãe e a mãe a ele?

E não penso o ódio aqui como uma paixão, pois não reconheço em Kevin um cego apaixonado na versão: cego pelo ódio. De acordo com Dias (2012), a paixão do Ser é caracterizada pela suspensão provisória da barra que separa o significante do significado, porque, uma vez suspensa, "o sujeito não tem mais referência de impossibilidade; ao contrário, os significantes da paixão determinam uma relação de superposição com o significado". (Dias, 2012, p.26). E, ainda com o autor, é justamente essa provisoriedade na suspensão que diferencia a paixão – visto que é chama – da psicose.

A minha aposta no filme vai aqui no ódio como fator na constituição do sujeito, ou melhor, desde a constituição do psiquismo – de acordo com o autor – pois este, o ódio, se confunde com a "dimensão do desprazer". (Dias, 2012, p.29).

Segundo o autor, "o ódio está antes do sujeito porque ele se inscreve nessa condição do Outro ser castrado". (ibid., p.29). E é daí que vem a impossibilidade do Outro primordial, a mãe, em atender todas as demandas e necessidades de seu bebê. E aqui minha aposta ganha apoio, visto que, se o ódio confunde-se com a frustração na obtenção do prazer, na dimensão do desprazer, e esta tem "íntima relação com o tipo de presença do não no desejo da mãe" (idem, p.29), há um grande indício, através do mal-estar demonstrado por Eva desde a gestação, de quão pouco o seu desejo está tomado pelo filho, do *quantum* que Kevin ocupa de não no seu desejo, na minha leitura.

E tem a questão do exterior no comparecimento do ódio no sujeito na sua constituição, via desprazer, pois esse ódio vem de fora do sujeito, vem pelo Outro primordial (que barra nossas demandas). Então, aí, exterior e desprazer se confundem.

Ainda com o autor, essa condição de primeira exterioridade é simultânea ao surgimento do ódio. E, ao mesmo tempo, este exterior me é íntimo, visto que há um Outro que se confunde comigo e que, concomitantemente, determina a minha existência. Portanto, "esse Outro está, ao mesmo tempo, no exterior, estabelecendo o funcionamento do que me é íntimo". (id., 2012, p.33).

De volta ao filme... Eva ao remessar seu primogênito percebe, após a queda, que Kevin sofre uma fratura acho que exposta, não importa. O que importa é como ele se utiliza disso para capturar a mãe sob o pretexto de protegê-la, além de marcar o início de uma cumplicidade via ódio. Ou sua intenção era realmente protegê-la?

E foi com esta grande encenação, lá no hospital, que Kevin percebe-se como grande ator do seu pequeno teatro. Interessante, também, que *odéon*, que vem da etimologia da palavra ódio – *odeum* no grego (*odium* no latim) – significa exatamente isso: pequeno teatro grego cuja presença do ódio nas peças encenadas era frequente.

Kevin, retornando ao filme, após alguns momentos inéditos de harmonia com sua mãe na leitura das *As aventura de Robin Hood* – aquele que tira dos que possuem algo valoroso para dar para os que não possuem – adota o arco e flecha como fiel companheiro. E este será o escolhido, anos mais tarde, como seu instrumento no *grand finale* do seu teatro trágico. Kevin, o filho de Eva Katchadourian, carrega o nome armênio da mãe – 'ian' sufixo de identidade das famílias armênias, significa pertencente à família – e não o nome do pai. E antes do seu grande momento chegar, ele treina continuamente com seu arco para atingir seus alvos, de preferência os que são, ou poderiam ser, objetos parciais de satisfação, também parcial, da mãe.

Então, no dia do seu 16º aniversário, Kevin se apresenta para aquele que seria o grande espetáculo de sua vida, finalizando-o numa grande apoteose. Massacre e destruição dos que ocuparam, um dia, o lugar de objeto de desejo de outras mães. Ao mesmo tempo destrói, supostamente, os últimos vestígios de desejo da sua mãe, atingindo-a até na sua identidade como sobrevivente do Holocausto Armênio, pois o herdeiro de seu nome agora se tornara o algoz no genocídio do colégio. Porém, antes disso tudo, dispara suas flechas mortais destruindo a irmã e o pai.

O primogênito de Eva é preso e ela condenada a ser somente, daquele dia em diante, a mãe do Kevin, a mãe do assassino. Por fim, parece que Kevin se dá conta que conseguiu capturar a mãe só para ele. É o que perdura de uma perda pura?

# Referências fílmicas

RAMSAY, L. *Precisamos falar sobre Kevin.* [filme-vídeo]. Direção de Lynne Ramsay. 2011; EUA, Reino Unido da Grã-Bretanha, Irlanda do Norte: Jennifer Fox, Luc Roeg, 2012.

# Referências bibliograficas

CORSO, M.; CORSO, D.L. (2012) – "Precisamos falar (ainda mais) sobre o Kevin". Disponível em: < http://www.marioedianacorso.com/precisamos-falar-ainda-mais-sobre-o-kevin>. Acesso em: 19, junho, 2017.

DIAS, M.M. (2012) – "Os ódios: clínica e política do psicanalista, seminário / Mauro Mendes Dias". - São Paulo: Iluminuras.

MANNONI, O. (1991) – "Eu sei, mas mesmo assim...". In: Katz, C.S. (org.) – Psicose: uma leitura analítica - São Paulo: Escuta.

# 9. Angústia em *Esse obscuro objeto de desejo*, de Luis Buñuel

LEILA OLIVEIRA

Leila de Oliveira é psicóloga, psicanalista. Membro da EPFCL. Atuando como Coordenadora da atividade de Psicanálise, Cinema e Literatura e em Seminários de Formação Permanente. – Fórum do Campo Lacaniano FCL-BH/MG, até 2013.

Certamente, um belo filme de Buñuel, que revela toda a sua relação com o movimento surrealista, formado por artistas que propunham uma maneira diferente de ver o mundo, uma vanguarda artística que transcende a arte. Uma ampliação da consciência, uma liberdade de expressão, sem exigência da lógica e da razão, assim, como o mundo dos sonhos.

Sabemos que o sonho é a satisfação do desejo e que este só se realiza, e não poucas vezes, às custas do próprio eu. Ele irrompe, chega sem avisar, nos surpreende e entra sem ser convidado. As formações do inconsciente, como os atos falhos, sonhos, lapsos, sintomas, são paradigmas freudianos que nos ensinam sobre o caráter essencial do desejo. Mas que desejo é esse, de Mathieu e Conchita?

Buñuel constrói e desconstrói, na ficção, um dos mecanismos mais caros da teoria de Freud. Vamos então, à nossa viagem de trem para Sevilha construindo as cenas.

No trem, um comportamento inesperado do protagonista, chama a atenção de seus amigos de viagem, e ele procura explicá-lo, narrando os motivos que o levaram a tal ato, aparentemente, sem a menor censura.

Mathieu, um homem de meia idade, burguês e solitário, se apaixona desesperadamente por Conchita, uma jovem de 18 anos, meiga, doce, insolente e virgem.

Surge, então, um jogo erótico, de pura sedução, onde pode se perguntar: O que quer a mulher? Qual o desejo de Conchita? E Mathieu, o que espera da mulher? Ele espera que ela lhe dê o que lhe pede, o objeto sexual.

Ele fica siderado por essa mulher, de um certo desejo, desejo do ato sexual. Mas, Conchita oferece a Mathieu apenas partes de seu corpo para que ele goze. Assim, como uma histérica quer deixar insatisfeito o gozo do outro, quer um "mais-ser", ser alguma coisa para o outro, não um objeto de gozo, mas um objeto precioso que vá sustentar o desejo e o amor. (Colette Soler)

"Se eu lhe der o que me pede, não vai me querer mais". Ela quer o amor.

Freud em *Três ensaios sobre a teoria da sexualidade*, diz que: "O que se coloca em lugar do objeto sexual é alguma parte do corpo (tal como o pé, ou os cabelos) que é, em geral, muito inapropriada para finalidades sexuais". E Conchita oferece a Mathieu, apenas partes de seu corpo para que ele goze.

Como explicar a atração entre os sexos se existe apenas as pulsões parciais? Bem, sabemos que as pulsões parciais em si, ignoram a diferença sexual. A orientação do desejo sexuado, é que é passível de ser explicado.

Colette Soler, em seu livro, *O que Lacan dizia das mulheres* pergunta: Como explicar a relação sexual? O que é uma norma heterossexual? Se o macho não basta para constituir o homem, nem a fêmea, a mulher? Podemos tentar responder então, que é a partir do Édipo e da descoberta do inconsciente.

"Freud descobriu que, no inconsciente, a diferença anatômica é transformada em significante: ter o falo. E a partir do Édipo, responde a esta pergunta: como pode um homem amar sexualmente uma mulher? Por meio da renúncia ao objeto primordial, a mãe, e ao gozo referido à ela, por meio da castração do gozo. Já do lado feminino, Freud reconheceu o fracasso de suas tentativas de explicar e daí surgiu o seu famoso: "Que quer a mulher? E conclui que o édipo produz o homem, não produz a mulher."

Conchita nos demonstra essa posição de ter e não ter o falo em vários momentos. Ela oscila entre a "Mulher Pobre" que é "aquela que é desprovida de todos os objetos da série fálica", mas que é rica de outros bens – boa filha, meiga, virgem – que, como diz Lacan: "nada pede à fantasia do homem". Ela não está preocupada em satisfazer as fantasias e o desejo de Mathieu. Conchita é pobre de amor, mas é rica de outra coisa: o gozo. E, entre a "mulher abstinente" que é aquela que renuncia à própria sexualidade permanecendo "virgem", a relação fica indeterminada com o gozo do Outro.

Ela quer apenas gozar na sedução. Serei sua amante. – Quando? Hoje? Não, depois de amanhã. Em outro momento, ele pede:– Beije-me, mas ela não permite e diz: – depois. E adia mais uma vez a se entregar como objeto causa de um desejo.

A quem são endereçadas as perguntas de Mathieu, então? Podemos dizer que à fantasia, à imagem e ao objeto

Conchita não fez a travessia para o feminino, ela se recusa a admitir que está numa posição subjetiva da castração. Ser "castrada", é, de onde parte a feminilidade da mulher que é aquela cuja falta fálica a incita a voltar para o amor de um homem. Primeiro o pai, depois o marido.

"Ao se descobrir privada do pênis, a menina torna-se mulher quando espera o falo, ou seja, o pênis simbolizado daquele que o tem" (Colette Soler). Mas deixa seu rastro, embora não queira saber de nada disso. E Mathieu sempre a encontra, obsessivamente, e ela sempre recua frente ao seu pedido.

Bem, se olharmos o que acontece nas cenas em que Conchita faz o jogo da separação/retorno, presença/ausência, podemos pensar em Freud, em *Além do princípio do prazer*, onde aponta a brincadeira do *fort* (palavra alemã que significa "em" – colocação nossa). Praticada por uma criança que fazia desaparecer e aparecer um objeto ou brinquedo que, sem grandes reboliços, antecipava a satisfação de um desejo quando a mãe se ausentava, a brincadeira significava o " trazer de volta, a mãe".

Jogar fora um objeto e trazê-lo de volta, era o que Conchita fazia em sua fantasia de satisfação. O mesmo mecanismo controlador, ilustrando uma ausência a ser buscada por Mathieu. Para não ter a presença negada, ela sempre volta para ele. Desta forma, pode continuar o jogo de gato e rato prazerosamente, controlando a situação com promessas que faz e não cumpre.

Investe em uma sensualidade infantil, fala de seus princípios e de seus valores tendo a mãe como sua aliada, ao mesmo tempo que apresenta uma liberdade estranha: dança em cabaré nua para os homens e aceita certas carícias de Mathieu. Por pura conveniência e com essa posição de não querer mais ser criança, mas também não querer ser adulta, ela consegue manter um outro jogo, que é o "negócio amoroso". Mathieu passa a ser mais um "tesouro" que a fascina do que um objeto de amor a ser possuído. E é nesse lugar que ele se coloca.

O filme, rico em detalhes e enigmas, como por exemplo: a ratoeira em uma casa de classe alta, mosca no copo, um saco que eventualmente Matthieu carrega nas costas, são detalhes que sugerem uma outra narrativa, um outro momento do filme. As cenas de explosões e de terrorismo, sugerindo um suposto envolvimento de Conchita, mas que parece passar despercebido a Mathieu, são apenas sugeridas, indiciadas sem nenhuma explicação. Ou, quem sabe, o explosivo movimento do desejo?

No final, uma mulher aparece dentro de uma vitrine tirando de um saco várias camisolas. Talvez simbolizem as recusas de Conchita ou, talvez, possa se pressupor que seja o mesmo saco que Mathieu carregava. Começa, então, a remendar uma camisola suja de sangue. O desejo do ato sexual consumado? Pega suas memórias, suas bagagens, seus desejos e constrói a história ou a repete?

# Referências Fílmicas

BUÑELL L. *Esse Obscuro Objeto de Desejo.*[filme-vídeo]. Dirigido por Luis Buñel. 1977; Espanha, França: Canal+ Production, 2015.

# 10. A face dos afetos

ANA LUCÍLIA RODRIGUES

Ana Lucilia Rodrigues psicanalista, mestre em Psicologia Clínica. Membro da Associação Psicanalítica de Porto Alegre (APPOA) e do Laboratório de Teoria Social Filosofia e Psicanálise (Latesfip/USP). Autora do livro *Pedro Almodóvar e a Feminilidade* (Escuta, 2008) e co-autora do livro Cinema – o divã e a tela ( Artes e Ofícios, 2011). Organizadora da Jornada Paulista de Psicanálise e Cinema, cuja a quarta edição foi realizada e novembro de 2012. Organizadora da coleção *Cinema e Psicanálise*

> *"Quem viu minhas películas – as boas – sabe da importância que eu atribuo ao rosto humano. É uma terra que nunca canso de explorar. Não tem experiência mais nobre... que a de filmar a expressão de um rosto sensível, tendo embaixo a força da inspiração, vê-la animada desde seu interior, ela como se transforma em poesia (DREYER, apud VILLAIN, 1997, p. 133)."*

O cineasta dinamarquês Carl Theodor Dreyer ostenta o raro e exclusivo privilégio de ser considerado por parte da crítica e da cinefilia em geral, como um dos grandes criadores de toda a história do cinema. Apesar disto, até bem pouco tempo atrás, era um cineasta desconhecido do público, era somente associado ao filme *A paixão de Joana D'arc* (1927-1928), como se este resumisse a sua obra. Na realidade, ele tem uma longa filmografia. Seu primeiro longa metragem *O Presidente* (1918), já apresentava a semente germinal de sua obra e, em torno dele, gravitará suas ousadias cinematográficas, como os enquadres, o lugar dos atores dentro do plano, as posições da câmara, assim como o ambiente e seus objetos, aspectos estes que já emergem aqui, com certa timidez, mas que adquirirão ênfase e refinamento em sua obra que o converterá em um cineasta memorável, construindo sua radical singularidade.

Para citar alguns outros filmes encontraremos: *Páginas do livro de Satã* (1919-1921), *A mulher do páraco* (1920), *Era uma vez* (1922), *Mikel* (1924), *O ano da casa* (1925), *A paixão de Joana D'arc* (1927-1928), *O vampiro* (1931), *Dias de Ira* (1943), *A palavra* (1955) e *Gertrud* (1964) foi seu último filme. Em março de 1968, o diretor falece com o projeto de fazer uma adaptação para o cinema de *Medéia de Eurípedes*.

Na atualidade, tem ganhado o reconhecimento das novas gerações de cineastas que têm se aficionado e valorizado sua filmografia, que inspirou Ingmar Bergman, com sua afinidade na forma de tratar a "trama humana do existir". Em outras palavras: a existência ou não de Deus, a morte, a culpa, as angústias do existir, tudo com uma fina ironia como a do mestre dinamarquês. E ainda Lars Von Trier que estabelece com Dreyer ressonâncias profundas, não só no âmbito diegético e formal, mas principalmente nos questionamentos de meta cinematográficos, a essência da ligação de ambos é a "purificação do cinema" em busca da verdade das imagens.

O renomado crítico e teórico de cinema André Bazin faz um prestigioso elogio a Dreyer:

> *"É talvez como Eisenstein, o único cineasta cuja a obra se iguala à dignidade, à nobreza, à poderosa elegância das obras primas da pintura, não só porque se inspira nela como também, mais essencialmente, porque redescobre os seus segredos em profundezas estéticas comparáveis. Não tenhamos nenhuma falsa modéstia a propósito do cinema: um Dreyer rivaliza com os grandes pintores do Renascimento italiano ou da escola flamenga (BAZIN, 1989, pp.18-19)."*

Frente ao pequeno percurso do perfil de Dreyer, sem dúvida ele se instala dentro dos parâmetros da "política dos autores", sendo ele um dos primeiros exemplos de autor. Possui desde o princípio de sua obra, um temperamento cinematográfico singular, um projeto estético dificilmente conciliável com as exigências artísticas e industriais do meio que se desenvolveu.

Seu cinema é complexo, mas conserva uma frescura e sensualidade, oscila entre o real e o irreal, o natural e o sobrenatural. A "verdade das imagens" é, por excelência, o tema central de sua filmografia, acreditava que não deveria se deixar fascinar pela câmera e sim utilizá-la para depois suprimi-la. Sua busca era por uma realidade mais elevada, do que aquelas que se encontra ao colocar a câmera simplesmente para filmar. Em outras palavras: as imagens não devem ser somente virtuais, mas também espirituais.

Na busca rigorosa e quase selvagem pelas imagens espirituais recorre a "abstração", onde é possível substituir a realidade objetiva pela interpretação subjetiva do diretor. Abstração essa que só é possível pela "simplificação", liberdade de transformar "a realidade" e substitui-la pela imagem simplificada, isto é, aquilo que o espírito do diretor diz. E acrescenta mais ainda ao processo de simplificação, que é o de tornar a significação da imagem a mais clara possível, eliminando tudo do seu entorno que possa eclipsar sua ideia central, pelo qual, mediante este processo, o motivo da imagem se transforma em símbolo, e com o simbolismo estamos no terreno da abstração, onde a realidade se transforma em poesia.

Podemos pensar que é da "nudez das imagens" e da "nudez dos seres" que trata o cinema de Dreyer, buscando a imagem pura e a alteridade e a textura que o ser humano possui; seus fantasmas, suas obsessões; suas dúvidas, enfim o nó central do jogo interior o que realiza com maestria, filmando cada momento como se fosse o único em sua dor.

Coloca a linguagem cinematográfica como instrumento capaz de traduzir a dor do ser, como quando utiliza os enquadramentos, a montagem, os *closes*, que são a tentativa de capturar a mescla da palpitação carnal das emoções. É o seu olhar que escuta a alma, que aparece na densidade de seus personagens, nos espaços, nas formas, na tentativa de uma transcendência absoluta.

Nada melhor do que as palavras do mestre dinamarquês para expressar seu cinema:

*"O que me interessa – mais ainda do que a técnica – é reproduzir os sentimentos dos personagens em meus filmes. Se trata de reproduzir, o mais sinceramente possível, sentimentos que sejam os mais sinceros possíveis... O que busco, o que desejo conseguir, é chegar a penetrar até os sentimentos mais profundos de meus atores, através de suas mais sutis expressões; seus sentimentos inconscientes; os segredos que desencadeiam o mais profundo de suas almas. Isso é o que me interessa e não a técnica cinematográfica (DELHAYE, 2008, p.36)."*

Na busca de captar a alma humana, além da linguagem cinematográfica, a escolha dos atores era fundamental, buscava aqueles que eram capazes de lhe dar o que ele pretendia deles. Um dos exemplos mais enigmáticos foi o encontro com Maria Falconetti, a protagonista do filme *A Paixão de Joana D'arc*; o diretor a conheceu num pequeno teatro, interpretando uma comédia. De início a atriz não lhe conquistou de imediato, mas sentia que algo podia recolher dela. Diz à ela que gostaria de fazer um teste sem que ela usasse maquiagem, e assim acontece o segundo encontro, onde nasceu uma das personagens mais emblemáticas da história do cinema, com sua selvagem expressividade. Dreyer o relata desta forma:

*"Sem a maquiagem, fizemos as provas e encontrei em seu rosto precisamente o que estava procurando para Joana D'arc: uma mulher rústica e muito sincera e que tinha as marcas do sofrimento, mas aquele descobrimento não me surpreendeu totalmente, porque desde o primeiro momento, aquela mulher foi muito foi muito franca e surpreendente.(surpreendente (DELHAYE, 2008, p.37)."*

A forma como Dreyer escolhe seus personagens demonstra uma organização arquitetônica, na qual a imagem é elevada ao nível de um estilo singular frente à expressão dramática. Portanto, preserva algo da dignidade das máscaras e neste jogo se entrega na busca apaixonada pela essência da vida interior, captura seus personagens em seu tempo e espaço em sua psicologia, sem os falsos recursos da narração, construindo um jogo das forças afetivas e das tensões entre o carnal e o espiritual. Enfim, um cinema além das aparências."

Para Dreyer, a tela do cinema é um espelho que deve permanecer limpo e para isso nenhuma outra forma, como a maquiagem, deve existir; o rosto tem de repousar na superfície, assim pode chegar no mais além da expressão, onde o interior e o exterior se comunicam o tempo todo.

Relembrando o filósofo italiano Giorgio Agamben, autor de obras que percorrem temas que vão da estética à política, diz em seu texto sobre *O rosto*:

> *"O rosto não é simulacro, no sentido de qualquer coisa que dissimula ou encobre a verdade: ele é simular, o estar-junto dos múltiplos semblantes que o constituem, sem que algum desses seja mais verdadeiro que os outros. Compreender a verdade do rosto significa tomar não a semelhança, mas a simultaneidade dos semblantes, a inquieta potência que os mantêm juntos e os reúne em comum. Assim, o rosto de Deus é a* simultas *dos semblantes humanos, a "nossa efígie" que Dante vira no "vivo lume" do paraíso. (AGAMBEM,1996, 74)."*

É importante salientar que o filme *A Paixão de Joana D'arc* (1927-1928) estreou em meio a uma Paris que efervescia culturalmente, com as vanguardas artísticas, com suas diferentes propostas, algumas decaiam, outras alcançavam o seu reconhecimento. Entre estas últimas, o surrealismo sucedia ao dadaísmo, que por sua vez havia sucedido ao futurismo, o expressionismo e o impressionismo.

Os debates em torno da arte em geral eram apaixonados, a euforia era o tom dominante, intelectuais e artistas dos mais diversos campos se uniram e acreditaram que a linguagem poderia incidir sobre a vida e transformá-la. Instalou-se, assim, um aberto experimentalismo que ultrapassava a uma mera inovação.

Muitos cineastas como Louis Delluc, Fernand Léger, Henri Chomette, René Clair e outros conjuntamente com Carl Theodor Dreyer experimentavam as novas propostas em torno do cinema, uma verdadeira sinfonia das imagens, laboriosamente [...] sujeitas ou não a um referente comum, representavam tendências das mais distintas índoles, mas partilhando o objetivo comum de considerar o cinema como uma forma de "arte".

É neste contexto histórico que encontramos Dreyer e todo o seu experimentalismo, justificando as suas ousadias cinematográficas, principalmente em *A Paixão de Joana D'arc*, que a meu ver as palavras de Béla Balázs, poeta, escritor e também um crítico e teórico do cinema, nos traz uma clara descrição deste filme:

No filme de Dreyer *A Paixão de Joana D'arc*, podemos tomar como um exemplo excelente, a comovedora, potente e larga cena do Tribunal da Inquisição. Cinquenta homens permanecem sentados em seus lugares, durante toda a cena. Em centenas de metros não se veem mais que cabeças, cabeças tomadas em primeiro plano a curta distância. Nos movemos unicamente na dimensão espiritual da expressão. Não vemos nem percebemos o espaço em que se desenrola a cena. Aqui não galopam cavaleiros, nem combatem lutadores. Paixões selvagens, pensamentos, sentimentos e convicções lutam entre si fora de qualquer espaço. Sem dúvida, se desenvolvem duelos de gestos e olhares em uma tensão incessante durante uma hora e meia. Cada ataque, cada parada se reflete nos rostos, todos os ardis, todos os golpes de mão, os vemos através da mímica. Deste modo o cinema mudo tem logrado a experiência de um drama espiritual (BALÁZS, 1972, pp. 53-54).

O filme retrata as últimas horas de vida de Joana D'arc, personagem amado e venerado na França, que ocorre após ter sido capturada pelos ingleses, cobrindo a prisão, a tortura, o julgamento e a execução da heroína, onde encontramos a mais extremada constatação do real, sendo esta a sua dimensão discursiva.

Além da profusão e formalização dos primeiros planos mostrando a mais pura e simples "revelação do rosto humano", centrando-se nas emoções expressas unicamente pelos rostos que muitas vezes preenchem a totalidade dos planos, Dreyer nos traz um realismo fotográfico e seu ostentoso apagamento das relações espaciais para conseguir a continuidade narrativa. Ele ainda aposta nos "enquadramentos atípicos" e na continuidade basicamente sustentada pelos *raccords* dos olhares ou pela mera contiguidade sem outra relação com o enlace teórico.

Diferentemente de Ingmar Bergman, que não segura o rosto dos atores no tempo, Dreyer prima por congelá-los no tempo; a câmera penetra nas camadas da fisionomia, isolando as expressões do rosto nos primeiros planos, daquilo que os rodeava, o expectador entra numa nova e peculiar dimensão espiritual, o mundo invisível que escapa do olhar cotidiano, o invisível da microfisionomia.

Em contrapartida, nos últimos anos do cinema mudo, o rosto era cada vez mais visível e, portanto, mais expressivo. Como constatamos em Joana D'arc, é um rosto que vai em busca da unidade, é inteiro, por eles passam vários semblantes, chega ao expectador de forma imediata e orgânica, assim é forçosamente verdadeiro, propõe uma relação com a verdade. Ele se contrapõe à digressão do rosto clássico, que não era para ser sentido, mas sim "entendido", ou ainda do rosto moderno que não convida ao desvendamento de seus enigmas, e, por último, do rosto contemporâneo que não revela com clareza as suas emoções, que pairam na superfície do infinito das imagens.

Outro aspecto a salientar é que no cinema "o rosto vale por dois", como comprova Dreyer na escolha de Maria Falconetti, como suporte para o rosto de Joana D'arc, eles são superpostos e fundidos, dando passagem à profusão das expressões faciais. Completando com as palavras de Giorgio Agamben:

> *"Que os atores olhem para a objetiva, significa que eles mostram estar simulando, e, todavia, paradoxalmente, propriamente na medida em que exibem a falsificação, eles parecem mais verdadeiros. O mesmo procedimento é, hoje, ampliado na publicidade: a imagem parece mais convincente se mostra abertamente sua própria ficção. Em ambos os casos, quem olha, sem querer, choca-se contra qualquer coisa que concerne inequivocamente à essência do rosto, à estrutura mesma da verdade (AGAMBEN, 1996, p.75)."*

A verdade do rosto expresso no primeiro plano, traria a verdade das emoções, ou, como acreditava Béla Balázs, o poeta dos primeiros planos, o rosto cinematográfico expressa "acordes" de sentimentos, no sentido musical da palavra. Do mesmo modo que uma música polifônica, segue vários discursos, várias linhas simultaneamente, pode dizer muitas coisas de uma só vez, já que o atuar no espaço e no tempo não está condenado a uma linearidade da escrita.

Assim o rosto no primeiro plano permanece no afetivo, no emotivo e, portanto, estaria no plano psicológico, que é o pensamento do personagem projetado na tela. É sua alma, sua emoção, seus desejos. O rosto se transforma no "todo" onde está contido todo o drama. O rosto de Joana é puro transbordamento afetivo, seu rosto transita no limite, deixando de ser um rosto para se tornar a somatória dos afetos. Por instantes, o rosto de Joana D'arc se torna a própria melancolia ou o próprio amor.

Sobre os efeitos dos primeiros planos nos expectadores, "talvez o essencial [...] seja o mais indefinível, o que tende a produção de um encanto, com toda a preciosa ambiguidade do termo (AUMONT, 1998, p.98)".

Béla Balázs dispõe do termo alemão *stimmung*, só compreensível na língua alemã. É uma palavra mais mágica do que a fisionomia. O que a define é uma espécie de radiação invisível, se for intensa se entenderá com facilidade, contamina o que está a sua volta, e se acomoda progressivamente no espaço.

> "A *stimmung* é contagiosa, pois o termo procede também de *stimmen, estar em concordância. O primeiro plano saturado de stimmung amplifica sua ressonância e vibra como uma qualidade única, intensa (AUMONT, 1998, p.98)."*

É através da sucessão dos primeiros planos que Dreyer reconstrói a "paixão" de Joana D'arc, rosto após rosto, narrando seu martírio por uma sucessão de afetos deixando-os transbordar pela tela. É no universo das paixões que o expectador está alocado, com seus arrebatamentos e êxtases.

O termo paixão deriva do grego *páthos*, que significa excesso, catástrofe, passagem, passividade, sofrimento e subjugação. Portanto este conceito está ligado a "padecer", pois o que é passivo frente a um acontecimento padece. Sendo assim não existe *páthos*, senão na mobilidade, na imperfeição. Parece-me que podemos em geral defini-las por percepções, sentimentos ou emoções da alma, e que são causadas, mantidas e fortalecidas por alguns movimentos dos espíritos (DESCARTES, 1983, p.227).

Descartes admitia os sinais exteriores das paixões como: a ação dos olhos e do rosto, as mudanças de cor, os tremores, a languidez, o desmaio, os risos, as lágrimas, os gemidos e os suspiros. Esses sinais atravessam todo o corpo, mas o rosto, no entanto, é o espaço em que eles se manifestam com maior frequência e, muitas vezes sem controle, são tão sutis que lhe parece difíceis de descrever.

> *"Não há nenhuma paixão que alguma ação dos olhos não declare. [...] Mas ainda que percebamos facilmente tais ações dos olhos e saibamos o que significam, nem por isso é fácil descrevê-las, porque cada uma se compõe de muitas mudanças que ocorrem no movimento e na figura do olho, as quais são tão particulares e tão pequenas que cada uma delas é imperceptível separadamente, embora o que resulta de sua conjunção seja bastante fácil de reparar. Pode-se dizer quase o mesmo das ações do rosto, que também acompanham as paixões, pois embora sejam maiores que as dos olhos é, todavia, incômodo distingui-las e são tão pouco diferentes que há homens que fazem a mesma expressão quer quando choram, quer quando riem (DESCARTES, 1998, p. 269)."*

Como sabemos as paixões são invisíveis. De acordo com Descartes, o rosto não é seu locus, pois elas não são fixas, estão em constante movimento. Para tanto, o rosto tem de ser uma superfície, em que se evidenciam seus sinais, a partir dos micromovimentos.

O rosto é a superfície das paixões, das emoções, no qual exterior e interior se comunicam, com pontos de passagens indeterminados. Meu rosto é o meio fora: um ponto de indiferença acerca de todas as minhas propriedades, acerca disso que é próprio e do que é comum, disso que é externo. No rosto estou com todas as minhas propriedades (o meu ser moreno, alto, pálido, orgulhoso, emotivo), mas sem que nenhuma delas me identifique ou me pertençam essencialmente. Ele é o limiar de desapropriação e da desidentificação de todos os modos e de todas as qualidades, nas quais elas devem pura comunicabilidade. Apenas onde encontro um rosto, um fora me chega, encontro uma exterioridade (AGAMBEN, 1996, p.80).

Tratar o rosto como superfície das paixões e das emoções pode ser uma forma de superação das dicotomias (visível – invisível; interno – externo), já que o rosto é encenação, com sua produção constante de semblantes. Nunca podemos descrevê-lo, delimitá-lo, não traz significado inscrito, não tem uma verdade estável que o habite. Não há nada mais fluído do que um rosto.

A topologia, que é o estudo dos espaços nas suas propriedades, e que permite descrever o espaço, na qual o objeto é sempre o mesmo (no caso aqui o rosto), espaço esse que não tem terceira dimensão, pode ser utilizada para um melhor entendimento da exterioridade e interioridade.

Um dos objetos topológicos é a Banda de Möbius, desenvolvida pelo matemático e astrônomo August Ferdinand Möbius (1790-1868), que nos ajuda a pensar a realidade como única, total e existencial. A figura proposta pelo matemático causa estranheza para nós que estamos acostumados no dia a dia, a que as coisas tenham frente e verso, claro e escuro, dia e noite. Ela opera uma subversão em nosso espaço comum de representações.

A figura proposta por Möbius é utilizada em muitas áreas como nas artes, nos trabalhos do artista gráfico Escher ou ainda na pintura e na escultura nos trabalhos de Lygia Clark. No âmbito da psicanálise encontramos os estudos de Jacques Lacan, dentro de sua topologia, ilustrando o modo como a psicanálise problematiza as oposições binárias como: interno-externo, amor-ódio, significado-significante, verdade-aparência. Assim os termos opostos não vistos como separados, mas sim como contínuos passando do interior para o exterior, e ao revés, resultando impossível dizer em que ponto tenha realizado a passagem, como se dá no caso da "travessia do fantasma".

Assim é o rosto, representante do irrepresentável, não tem avesso nem direito, é o tempo que faz a diferença entre as duas faces. É um objeto unilateral, manipulável, desconstruível, é o limite sem fronteiras, a continuidade sem limites.

*A Paixão de Joana D'arc* é um representante preciso de como o rosto é uma "superfície". Na sucessão dos rostos que aparecem em primeiros planos, podemos ver as emoções em sua interioridade e exterioridade deslizarem sobre eles, seja o da protagonista ou dos rostos rechonchudos de seus inquisidores. Talvez a nobreza de Dreyer esteja na sutileza e no texto que congela os rostos no espaço, sem impedir o bloquear que existe no ponto de "passagem indeterminado" para que o fluxo das emoções tenha a sua continuidade sem limites mantendo sua "radiação invisível".

Para terminar, parafraseando o pensamento de Jacques Aumont, sobre como o rosto na cinematografia recente é tratado só como objeto. Sua beleza, sua expressão é eliminada. Desprovido de sentido e de valor, este rosto entra em um intercâmbio qualquer que impede a "contemplação". Esse rosto cinematográfico não é puro, é errático, parcial, é "jogado na tela", em forma de efeitos pertinazes, levando a "desrostificação".

# Referências Fílmicas

DREYER, C. T. *A paixão de Joana d 'arc.*[filme-video]. Direção de Carl Theodor Dreyer. França:Société générale des films, 1928.

# Referências bibliografias

AGANBEM,Giorgio.**IL volto**. *In:Mezzi senza fine. Note sulla política*. **Bollati Boringhieri:**
Torino, 1996, p.74-80. Tradução: Murilo Duarte Costa Corrêa.
BAZIN, André. *O cinema da crueldade*. São Paulo: Martins Fontes, 1989.
VILLAIN, Dominique. *El enquadre cinematográfico*. Barcelona: Paidós Ibérica, 1997.
ESTÉVEZ, Manuel V. **Carl Theodor Dreyer**. Madrir: Catédra, 1997.
BAZIN, André *et. al*. *Buñel Dreyer Welles*. Madrid, 2008.
BELÁZS, Béla. *Evolución y esencia de um arte nuevo*. Barcelona: Editorial Gustavo, Gili, 1978.